INDESCRITÍVEL
100 DEVOCIONAIS SOBRE DEUS E CIÊNCIA

LOUIE GIGLIO
COM TAMA FORTNER

ILUSTRAÇÕES DE
NICOLA ANDERSON

Tradução de Elis Regina Emerêncio

SUMÁRIO

Introdução 6
1. Uma página em branco 8
2. Os sons do silêncio 10
3. Dinossauros e dragões — Ai, meu Deus! 12
4. Que cheiro é esse? 14
5. Quão profunda é a profundidade? 16
6. Mantendo as coisas unidas! . . . 18
7. Mais rápido que a velocidade da luz 20
8. Uma ferramenta para Deus . . . 22
9. Ossos do ofício 24
10. A história das estrelas 26
11. Yakety-Yak 28
12. O contador de estrelas 30
13. Até as rochas 32
14. Sem brincadeira 34
15. Grandes bolas de fogo! . . . 36
16. Árvores e galhos 38
17. Ouvidos para ouvir 40
18. Cheio de poder 42
19. Graça astronômica 44
20. Subindo a montanha 46
21. Tem alguém te observando . . . 48
22. Iluminar o mundo 50
23. Descanse na sombra 52
24. Toda a criação canta 54
25. Ocupado como uma... abelha? 56
26. Brilhe 58
27. Sinto a terra se mexer... debaixo dos meus pés . . . 60
28. Tesouros que duram 62
29. O poder do Filho 64
30. O fator uau 66
31. Quando as estrelas morrem 68
32. A beleza interior 70
33. Veja o cavalo-marinho 72
34. Suco de besouro 74
35. Um milagre? Sim, é você! . . . 76
36. Os olhos têm isso 78
37. Qual caminho seguir? 80
38. Um Deus gigante 82
39. Perigo: veneno! 84
40. Uma situação cabeluda 86
41. Siga o líder 88
42. Empalmar as Plêiades 90
43. Bonito e inquebrável 92
44. Prove e veja 94
45. Derrubando o Big Bang 96
46. Respire 98
47. Permanecendo no chão . . . 100
48. Não fique de pé em Saturno . . 102
49. Quem está aí? 104

50. Não pode ser contado	106
51. Átomos, elétrons, quarks e coisas do tipo	108
52. Não é apenas um floco de neve na multidão	110
53. Brilhe	112
54. Perfeitamente planejado e criado	114
55. Nasce uma estrela	116
56. Tudo em família	118
57. Ronco, reclamação, rosnado ..	120
58. O planejador	122
59. Amigos incomuns	124
60. Crianças grandes não choram.	126
61. Todo bagunçado	128
62. Quando você foi eclipsado ..	130
63. Olha! Vai explodir!	132
64. Tão grande!	134
65. Rocha com dinossauro	136
66. Estamos todos juntos nessa	138
67. É uma joia!	140
68. O escudo do corpo	142
69. Rocha sólida	144
70. Isso é incrível!	146
71. O tamanho certo	148
72. O poder do cérebro	150
73. Nebulosamente confortável .	152
74. Quem está caçando quem? .	154
75. É universal	156

76. Arrasando nas ondas	158
77. O Pálido Ponto Azul	160
78. Afunde seus dentes nisso ...	162
79. Uma atração magnética ...	164
80. Peso no coração?	166
81. Vá direto ao ponto	168
82. O que é isso, você disse?	170
83. Apenas na Terra	172
84. Floresça onde você está plantado	174
85. Que teia emaranhada nós tecemos!	176
86. Aproveite o poder	178
87. Espere por isso	180
88. Aumentar os músculos ...	182
89. O que Deus vê	184
90. Uma mente para ver	186
91. Chuva, chuva... Não vá embora.	188
92. Quer brincar?	190
93. Haja coração	192
94. Para qual direção o vento sopra?	194
95. O que os cientistas não sabem	196
96. O salvador supremo	198
97. Solução para a poluição ...	200
98. Água, água em todos os lugares	202
99. Cheio de frutos	204
100. Aqui está a sua mudança ..	206

INTRODUÇÃO

Quando foi a última vez que você disse a palavra *impressionante*? Talvez você estivesse falando de uma das suas estrelas do esporte favoritas, do seu lanche favorito ou dos seus tênis favoritos. Eu acho que batata frita, tênis e estrelas do basquete são bem impressionantes, mas, neste livro, quero lhe contar a coisa mais impressionante do mundo: o grande Deus que criou todo o universo, impressionante do jeito que ele é, e tudo que há nele.

A palavra de Deus, a Bíblia, nos conta que os céus proclamam a glória e criatividade de Deus todos os dias e noites. As estrelas não usam palavras para falar como nós, mas o tamanho delas e a forma como brilham nos contam que o Deus que as criou é incrível e poderoso. Por isso é importante e divertido para nós explorar tudo que Deus criou e aprender a respeito disso. Quanto mais aprendemos sobre o que Ele criou, mais aprendemos sobre Ele.

Às vezes, gosto de pensar em Deus como um cientista usando um jaleco, ansioso para compartilhar com a gente todas as coisas incríveis que Ele criou em seu laboratório indescritível e imensurável, que é do tamanho do universo. E quer saber de uma coisa? Deus não só ama a ciência, mas Ele é o maior cientista de todos!

Ao longo deste livro, vamos explorar o universo incrível e indescritivelmente impressionante que Deus criou e tem em suas mãos. Pedi a alguns amigos que nos ajudassem ao longo do caminho. Conheça Evelin, Raquel, Noemi, Josué, Carlos e André. Essas crianças, assim como você, estão ansiosas para aprender sobre tudo que Deus criou.

Todo dia, vamos ler juntos sobre uma parte diferente da criação de Deus, desde o espaço até a terra, os animais, as pessoas. Vamos olhar para imagens da vida real e ilustrações, aprender fatos científicos e orar ao nosso Deus Criador.

Se você estiver interessado em focar em determinada parte do universo por um tempo, fique à vontade para pular partes deste livro o quanto quiser! Os quatro tópicos principais sobre os quais vamos conversar são:

- **Espaço:** páginas 8, 10, 20, 26, 30, 36, 44, 48, 52, 54, 58, 68, 74, 90, 96, 102, 116, 122, 130, 134, 140, 148, 156, 160, 172, 196
- **Terra:** páginas 14, 16, 32, 38, 46, 50, 60, 62, 64, 70, 82, 92, 100, 106, 110, 128, 132, 136, 144, 152, 158, 164, 166, 168, 174, 178, 188, 194, 200, 202
- **Animais:** páginas 12, 22, 28, 42, 56, 66, 72, 80, 84, 88, 94, 104, 112, 114, 118, 124, 154, 162, 176, 180, 186, 190, 198, 206
- **Pessoas:** páginas 18, 24, 34, 40, 76, 78, 86, 98, 108, 120, 126, 138, 142, 146, 150, 170, 182, 184, 192, 204

Minha oração é para que você fique verdadeiramente maravilhado e impactado conforme aprendermos que o Deus que criou a Betelgeuse, uma das maiores estrelas que conhecemos, também criou VOCÊ — desde a quantidade de cabelos na sua cabeça até a cor da pele dos dedos do pé. Esse Criador indescritível o conhece melhor e o ama mais do qualquer um na Terra.

Divirta-se na sua jornada!

Pastor Louie

UMA PÁGINA EM BRANCO

No começo Deus criou os céus e a terra.
A terra era um vazio, sem nenhum ser vivente
[...] Então Deus disse: — Que haja luz!
GÊNESIS 1:1-3

Toda imagem e história começa com uma página em branco. Não tem nada nela e é você que tem que fazer alguma coisa. Foi exatamente isso que aconteceu quando Deus se "sentou" para criar a Terra, o universo e tudo que há nele. Ele começou com uma página em branco. Bom, na verdade não existia nem mesmo uma página — apenas escuridão e vazio... e Deus também, é claro. Em seguida,

Ele começou a criar e foi exatamente o que Ele queria. Planetas giravam no espaço, estrelas se estendiam pelos céus e galáxia após galáxia giravam pelo universo.

Por toda a extensão do universo e aqui na Terra, Deus revela sua criatividade de forma indescritível e surpreendente! Quem mais poderia pensar no pescoço longo e cheio de pintas da girafa? Quem mais poderia colocar o rugido na garganta do leão e o ronronar na do gatinho? Quem mais poderia pensar em bichos-pau, preguiças, dragões-marinhos-folhados, ornitorrincos ou lacraias-do-mar coloridas? (Sério, você *precisa* dar uma olhada nesses caras! Eles são inacreditáveis!)

Deus é infinitamente criativo — o que significa que a criatividade dele não tem fim. E Deus demonstra a criatividade dele em *você*. Você começou como uma página em branco no livro dele e Ele começou a escrever sua história antes mesmo de você ter nascido. E vai ser uma grande história! Não acredita nisso? Dê uma olhada nas histórias incríveis que Ele já escreveu para pessoas "comuns" como você — Davi derrotando Golias, Daniel cochilando com leões e Ester salvando seu povo. Deus tem uma história incrível para você — espere e verá!

Senhor, o universo inteiro mostra a tua criatividade! Confio que o Senhor está criando uma história maravilhosa para mim.

SURPREENDENTE

As preguiças são tão lentas, que se movem apenas cerca de 2 metros por minuto. Até seus estômagos são lentos, levando, em média, 16 dias para digerir ramos, frutas, folhas, insetos, lagartos e pássaros que elas comem. Elas passam quase a vida inteira penduradas de cabeça para baixo nas árvores — descendo só uma vez por semana para fazer cocô. *Eca!*

OS SONS DO SILÊNCIO

**De manhã ouves a minha voz;
quando o sol nasce, eu faço a minha oração
e espero a tua resposta.**
SALMO 5:3

Sabia que você poderia estar ao lado de uma pessoa no espaço, gritar a plenos pulmões e essa pessoa não ouviria nada? Não é porque aqueles capacetes espaciais atrapalham. É porque as vozes viajam como *ondas sonoras*, e as ondas sonoras precisam viajar em alguma coisa — como na atmosfera da Terra. Por isso, os astronautas têm que falar uns com os outros usando um tipo diferente de onda: *as ondas de rádio*, que não dependem de atmosfera para transportá-las.

Mas Deus não precisa de ondas sonoras, nem mesmo de ondas de rádios para nos ouvir. Isso acontece porque as orações levam nossas vozes a Deus. Então, se o Deus que criou o universo inteiro está pronto para ouvir tudo que tivermos para dizer, por que não oramos mais?

Uma parte da resposta pode estar no fato de que nos distraímos e ficamos ocupados. Ocupados com a escola, a igreja, os esportes, a família, os amigos e um zilhão de outras coisas que ficam no caminho. Depois, temos as mensagens de texto e os videogames, os programas de TV, os filmes e o tempo que gastamos no computador. Em média, passamos quase oito horas por dia olhando para algum tipo de tela, como a TV, o computador ou o celular. Isso dá quase sessenta horas por semana!

No meio de todas essas coisas divertidas, legais e empolgantes, Deus nos chama para "parar de lutar" (Salmo 46:10) e orar para Ele. A oração é quando louvamos a Deus por Ele ser quem é, agradecemos tudo que Ele nos dá e pedimos o que precisamos.

Tente fazer isso hoje. Encontre um lugar especial onde você possa ficar sozinho com Deus. Em uma casa na árvore, em um canto do seu quarto ou até mesmo durante seu banho. Pare de lutar, converse com Deus e ouça a resposta dele. E lembre-se: normalmente Deus fala com uma voz calma e suave — garanta que vai ouvir com atenção.

Deus, obrigado por querer passar algum tempo comigo. Obrigado por sempre me ouvir e responder às minhas orações.

Orar é tão importante, que Jesus — o filho de Deus — tirava um tempo para fazer isso. Veja como Jesus orou em Lucas 5:16, Lucas 6:12 e Mateus 14:23.

DINOSSAUROS E DRAGÕES — AI, MEU DEUS!

Tornem-se cada vez mais fortes, vivendo unidos com o Senhor e recebendo a força do seu grande poder. Vistam-se com toda a armadura que Deus dá a vocês.
EFÉSIOS 6:10–11

Sabia que dragões e dinossauros estão na Bíblia? Veja isso em Jó 41:

"E, quanto ao monstro Leviatã, será que você pode pescá-lo com um anzol [...] Tente encostar a mão nele, e será uma vez só, pois você nunca mais esquecerá a luta [...] As suas costas são cobertas de fileiras de escamas [...] A sua boca lança chamas [...] Não há espada que consiga feri-lo, nem lança, nem flecha, nem arpão. Para ele, o ferro é como palha [...] Pois foi feito para não ter medo." (vv. 1, 8, 15, 19, 26–27, 33)

Algumas pessoas tentam dizer que Leviatã é apenas um crocodilo. Mas isso não se parece com algum crocodilo que eu já tenha visto! Por outro lado, a palavra *dragão* vem à mente. E, então, temos isto aqui em Jó 40 (A Mensagem):

"Olhe para o grande Beemote [...] Apenas olhe para a força de seu lombo, os músculos poderosos da barriga. A cauda balança como o cedro ao vento; as enormes pernas são como palmeiras. Seu esqueleto é feito de aço; cada osso de seu corpo é duro como ferro." (vv. 15, 18)

Mais uma vez, algumas pessoas dizem que o Beemote é um elefante. Mas você já viu um elefante com uma cauda como um galho de cedro?

Deus criou algumas coisas incrivelmente fortes. Mas a mais forte de todas é algo que Ele na verdade faz apenas para você. É a *armadura de Deus* e é mais forte

do que as "fileiras de escudos" (Jó 41:15 NVI) de Leviatã. Essa armadura tem uma peça para cobrir cada parte sua — incluindo seu coração e mente — com o poder de Deus e a verdade dele. Vai protegê-lo do diabo e de todos os aliados dele (leia mais sobre a armadura em Efésios 6:10-18). Assim, como um cavalheiro vestido para a batalha, coloque sua armadura todos os dias. Como? Orando e lendo a verdade da palavra de Deus!

Obrigado, Deus, pela tua armadura. Ensina-me a como colocá-la e usá-la todos os dias.

SURPREENDENTE

O ácido no seu estômago é tão poderoso, que pode derreter até mesmo o metal. Mas uma armadura de muco protege as paredes do seu estômago e mantém o ácido dentro da sua barriga, onde é o lugar dele; assim, o ácido ajuda na digestão sem fazer mal para o nosso corpo!

QUE CHEIRO É ESSE?

"Ai de vocês, mestres da lei e fariseus, hipócritas! Pois vocês são como sepulcros caiados: bonitos por fora, mas por dentro estão cheios de ossos e de todo tipo de imundícia."
MATEUS 23:27 (NVI)

O cheiro desta flor não é... *horrível?* Enquanto a maioria das flores tem um cheiro maravilhoso, se você sentisse o cheiro desse monstro — a jarro-titã — sairia correndo. Por quê? Bom, considere o apelido dela, a "flor-cadáver", e você já tem uma pista. Caso não saiba, um *cadáver* é um corpo morto em decomposição.

A flor-cadáver cresce na Indonésia e é uma das maiores e mais raras flores do mundo. Seu caule pode crescer até 4 metros de altura e sua flor pode ter mais de 1 metro de largura! Mas, mesmo com seu tamanho incrível, a flor-cadáver é mais conhecida por seu odor fétido. Sua flor tem cheiro de podre. *Eca!* Na verdade, até a aparência dela parece podre. Mas toda essa nojeira a torna totalmente irresistível para os insetos, dos quais a planta precisa para sua polinização, para que possa se reproduzir e fazer *mais* flores grandes e fedidas.

O lado de fora de uma flor-cadáver na verdade até que é bonito, mesmo que ela cheire como carne apodrecida. Basicamente, é a hipócrita do mundo das plantas. O que é um *hipócrita*, você quer saber? Essa é uma palavra grande e chique para descrever aquelas pessoas que fingem ser boas apenas quando os outros estão olhando. Mas, quando ninguém está vendo, elas fazem coisas erradas. Você também pode chamá-las de *duas caras* ou *falsas*. O interior e o exterior delas não combinam. Você já conheceu alguém assim? Bem, Jesus disse que não é desse modo que se vive. Suas palavras e ações devem ser sempre boas e amorosas — tenha alguém olhando ou não. *Essa* é uma vida que vai cheirar bem.

SURPREENDENTE

A dioneia é uma das plantas mais mortais do mundo — se você for um inseto, é claro. Na verdade, as folhas são uma armadilha articulada. Quando um inseto rasteja para dentro delas, ele "faz cócegas" nas fibras das folhas, que são semelhantes a pelos. Isso aciona a armadilha e as folhas se fecham, prendendo o inseto lá dentro — onde ele é lentamente digerido!

Querido Deus, não quero que minha vida seja fedida, falsa nem duas caras. Encha meu coração com o seu amor e me ajuda a fazer a coisa certa, mesmo quando ninguém estiver olhando.

QUÃO PROFUNDA É A PROFUNDIDADE?

Ó Senhor Deus, tu me examinas e me conheces.
Sabes tudo o que eu faço e, de longe, conheces
todos os meus pensamentos.

SALMO 139:1-2

Os oceanos são lugares lindos, incríveis e misteriosos — pelo menos para nós. Deus, é claro, sabe tudo sobre eles! Embora os oceanos cubram mais de 70% da superfície da Terra, nós exploramos apenas cerca de 5% deles. Isso acontece, pelo menos em parte, devido à sua profundidade. A profundidade média do oceano é de 3.600 metros — isso é mais de 3 quilômetros de profundidade!

Há partes do oceano tão profundas, que os cientistas ainda não conseguem explorá-las. Mas o que eles exploraram levou a algumas descobertas incríveis — como o peixe-lua gigante, que pode pesar até 2.200 quilos; o peixe-ogro, cujas presas medonhas o fazem parecer algo saído de um filme de terror; e o peixe-bolha, que parece... bem, uma bolha de 30 centímetros de gosma rosa. Os cientistas acreditam que milhões de outras espécies estão apenas esperando para ser descobertas nas profundezas do mar. E, embora ainda não conheçamos todos os mistérios do fundo do oceano, podemos confiar que Deus conhece.

Deus também conhece todos os mistérios dos lugares mais profundos da sua mente. Ele conhece cada pensamento antes mesmo de você pensar nele — os bons e os não tão bons assim. Deus entende que há momentos em que um pensamento ruim vai entrar furtivamente na sua cabeça, mesmo que você não queira. Não desista, nem desanime. Mas também não continue pensando esses pensamentos ruins — "domine-os" e "faça com que ele[s] obedeça[m] a Cristo" (2Coríntios 10:5). Pode ser difícil fazer isso, mas peça a ajuda de Deus — saiba que Ele sempre vai te ajudar!

Senhor, você sabe tudo sobre mim — até mesmo cada pensamento que tenho. Ajude-me a dominar quaisquer pensamentos ruins que surjam em minha mente e encha-a com pensamentos sobre o Senhor.

SURPREENDENTE

A parte mais profunda do oceano (que conhecemos) está localizada dentro da Fossa das Marianas, no oceano Pacífico. É chamada de Depressão Challenger e tem aproximadamente 11 mil metros de profundidade. Se você jogasse o monte Everest, a montanha mais alta do mundo, na Depressão Challenger, ele seria coberto por mais de 2 quilômetros de água!

MANTENDO AS COISAS UNIDAS!

**Ele [Cristo] é antes de todas as coisas,
e por meio dele tudo subsiste.**
COLOSSENSES 1:17 (NVI)

Você já viu trabalhadores construindo um prédio de tijolos? Eles não empilham os tijolos uns sobre os outros. É necessário algum tipo de cola para manter todos esses tijolos unidos. A cola para tijolos é chamada de *argamassa*.

Da mesma forma, seu corpo é feito de 37,2 trilhões de pequenos tijolos chamados "células". E, como um prédio, essas células precisam de algum tipo de cola para mantê-las unidas. A cola para células é chamada de *laminina*.

A laminina mantém *seu corpo* unido. O que é ainda mais surpreendente sobre a laminina é sua aparência. Quando você dá uma olhada na laminina (e vamos precisar de um microscópio eletrônico para isso), vê que ela se parece com... *uma cruz*.

Por que isso é importante? Porque é mais um lembrete de que somos a própria criação de Deus. Ele deixou suas impressões digitais por toda a criação. A Bíblia nos diz que, embora não possamos ver as qualidades invisíveis de Deus — como seu poder incrível e sua santidade —, podemos ver sua criação e saber que Ele é real (Romanos 1:20). Jesus estava com Deus na criação, e "por meio dele foram criadas todas as coisas nos céus e na terra, as

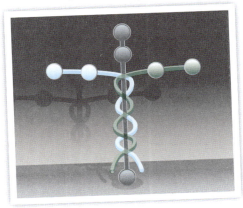

Laminina

18

SURPREENDENTE

O primeiro uso conhecido de cola foi o alcatrão de bétula, que era usado para fazer lanças. O primeiro registro escrito do uso de cola vem do antigo Egito. Hieróglifos mostram que o caixão do faraó Tutancâmon (talvez você o conheça como rei Tut) foi colado com uma cola feita de ossos e pele de animais.

visíveis e as invisíveis [...] e por meio dele tudo subsiste" (Colossenses 1:16–17 NVI). A laminina é uma imagem do que Jesus nos diz em sua palavra — ele é a cola que mantém nossos corpos, nossas almas e tudo unido. Por isso, quando você estiver se sentindo sobrecarregado e tendo o pior dia de todos, pense na laminina — e lembre-se de que Jesus mantém você (e todas as coisas) unido.

Senhor, quando eu começar a me preocupar com todas as coisas que acontecem na minha vida e ao meu redor, me ajude a lembrar que você é o Senhor de tudo — e que sustenta todas as coisas, inclusive a mim.

7
MAIS RÁPIDO QUE A VELOCIDADE DA LUZ

*Então Deus disse: — Que haja luz!
E a luz começou a existir.*
GÊNESIS 1:3

Você já desejou estar presente para ver Deus criar o mundo? Quão incrível teria sido ver como Ele fez tudo isso?

Teria sido espetacular e impressionante. Por quê? Porque, quando Deus disse "Que haja luz!", esse não foi apenas o acendimento de um interruptor de luz universal. De jeito nenhum! Foi mais como uma explosão de luz que teria sido muito além do que seus olhos poderiam aguentar.

A Bíblia nos diz no Salmo 33:6 que os céus foram feitos por meio da palavra de Deus. Ele *soprou* o universo e tudo que tem nele. Então, quando Deus disse que queria luz, essa luz saiu voando de sua boca a 300.000 quilômetros *por segundo*! Essa é a rapidez com a qual a luz viaja, então a chamamos de "velocidade da luz". A luz de Deus riscou os céus, expulsou a escuridão e iluminou o universo inteiro em um clarão de glória brilhante.

Só uma coisa é mais rápida que a velocidade da luz, e essa é a velocidade de Deus. Quando você clama a Deus em oração, Ele está ali para ouvir — e começa logo a trabalhar na resposta dele. O problema é que Deus pode não lhe dar essa resposta imediatamente. Às vezes, Ele pede para você esperar por ela e, às vezes, Ele pode não dar a resposta que você quer. Mas você pode confiar que Deus sempre lhe dará a resposta correta — no momento certo e da maneira certa. Ele está sempre trabalhando mais rápido do que a velocidade da luz!

Deus, eu não consigo nem começar a imaginar quão rápida a luz realmente é. E saber que você ouve as minhas orações ainda mais rápido do que isso é incrível para mim. Obrigado, Deus, por correr para me ouvir!

SURPREENDENTE

O universo de Deus é tão grande, que não pode ser medido em centímetros, metros ou mesmo quilômetros. Temos que usar uma régua maior: o *ano-luz*. Um ano-luz é — você adivinhou — a distância que a luz viaja em um ano, que equivale a 9 trilhões de quilômetros. Nossa própria Via Láctea tem 100 mil anos-luz de largura. E essa é apenas uma galáxia entre as bilhões que nosso poderoso Deus criou!

UMA FERRAMENTA PARA DEUS

Por isso, encorajem e edifiquem uns aos outros.
I TESSALONICENSES 5:11 (NVI)

Os cientistas sabem há muito tempo que alguns animais usam ferramentas para ajudá-los a conseguir o que precisam. Mas eles só descobriram recentemente a maneira mais incomum como um animal "constrói" sua casa — e encontraram esse animal correndo pelas areias do fundo do oceano.

O polvo-venoso (*Amphioctopus marginatus*) constrói sua casa usando as metades de casca de coco que as pessoas jogam no oceano. Empilhando uma em cima da outra, ele rasteja entre as duas metades — a armadura subaquática perfeita para esse polvo de corpo mole. Quando o polvo precisa viajar, ele apenas empilha as metades da casca sob seu corpo — mais ou menos como empilhar duas tigelas. Então, ele "anda de pernas de pau" nas suas oito pernas, arrastando as cascas com ele. Cientistas até avistaram polvos-venosos cavando cascas de coco que estavam enterradas na areia e esguichando jatos de água para limpá-las antes de se mudarem.

Deus deu a alguns animais a habilidade de usar ferramentas, mas você sabia que Ele criou você para ser uma ferramenta? Deus quer que você seja a ferramenta dele para edificar outras pessoas e levá-las a Ele. Como você pode fazer isso? Ele lhe diz em sua palavra:

"Portanto, vão e façam discípulos de todas as nações, batizando-os em nome do Pai, do Filho e do Espírito Santo, ensinando-os a obedecer a tudo o que eu ordenei a vocês. E eu estarei sempre com vocês, até o fim dos tempos" (Mateus 28:19–20).

Que pensamento incrível! Deus usa você para construir o Reino dele e ajudar outras pessoas a conhecê-lo!

Senhor, quero ser uma ferramenta na construção do seu Reino. Me ajude a viver uma vida que conte ao mundo sobre você.

SURPREENDENTE

O polvo-venoso é apenas um dos vários animais que usam ferramentas. Há um grupo de golfinhos-nariz-de-garrafa em Shark Bay, Austrália, que carrega esponjas marinhas em seus bicos para agitar a areia do oceano e descobrir suas presas. Além disso, lontras-marinhas usam pedras como martelos para quebrar conchas de abalone e acessar a comida dentro delas.

OSSOS DO OFÍCIO

A oração de uma pessoa obediente
a Deus tem muito poder.
TIAGO 5:16

Ossos — eles são o que nos separa das águas-vivas. Bem... ossos, inteligência, alma e algumas outras coisas. Mas a questão é que os ossos são *extremamente* importantes. O corpo adulto tem 206 ossos — e mais da metade deles está nas mãos e nos pés. O *fêmur* (osso da coxa) é o mais longo, enquanto o *estribo* (que fica no ouvido médio) é o menor.

Os ossos fazem muitas coisas pelo corpo. Por exemplo, os ossos mantêm você em pé. Eles formam seu esqueleto e dão forma ao seu corpo. Os ossos fornecem uma estrutura para seus músculos para que você possa se mover e protegem seus tecidos moles e órgãos. Eles também armazenam minerais que seu corpo precisa, como o cálcio. E a medula óssea — o material dentro dos seus ossos — é, na verdade, uma fábrica para suas células sanguíneas. Por isso, sim, os ossos do seu esqueleto são muito importantes, mas eles não são os *únicos* ossos que você tem.

Você também precisa ter "ossos da fé" saudáveis. Você mantém esses ossos saudáveis orando a Deus, louvando-o, estudando a palavra e estando com o povo dele. Os ossos da fé são alguns dos ossos mais importantes que você precisa para moldar sua vida. Eles ajudam a mantê-lo se movendo na direção certa enquanto você segue a vontade de Deus. Eles protegem o interior suave do seu coração e alma. E eles armazenam o poder de Deus no seu espírito para que esteja lá quando você precisar. Se mantiver seus ossos da fé saudáveis, eles o manterão com a cabeça erguida quando as tentações e os tempos difíceis chegarem. Não tenha dúvidas sobre isso — esses ossos da fé são extremamente importantes!

Senhor, mostre-me como manter os meus "ossos da fé" fortes, para que eu sempre possa permanecer firme por você!

SURPREENDENTE

Na verdade, você nasceu com 300 ossos no corpo, mas agora tem apenas 206. O que aconteceu? Você perdeu alguns? Não, mas alguns deles cresceram e se juntaram. Quando os bebês nascem, por exemplo, os ossos do crânio ainda estão separados. Eles são conectados apenas por membranas resistentes chamadas *moleiras* — elas criam o "ponto fraco" na cabeça do bebê. Com o tempo, os ossos crescem juntos e se tornam sólidos.

A HISTÓRIA DAS ESTRELAS

> O céu anuncia a glória de Deus e nos mostra aquilo que as suas mãos fizeram. Cada dia fala dessa glória ao dia seguinte, e cada noite repete isso à outra noite.
>
> SALMO 19:1-2

Você já foi a uma contação de história em uma biblioteca? Ou ouviu seus pais ou avós lhe contando uma história? Há algo em *ouvir* uma história que é simplesmente... bem... mágico. Talvez seja porque você pode fechar os olhos, se deitar e deixar sua imaginação voar.

Você sabia que Deus também conta histórias? Ele conta as melhores delas e usa as estrelas para isso. E a história que essas estrelas contam não é apenas um conto doce e suave sobre como elas cintilam e brilham. Não, sua história é de majestade, poder e força. É a história de um Deus que criou tudo o que você pode ou não ver. Sua história é gritada — *explodida* — por todo o universo, pelo céu e até você. As estrelas não usam palavras para contar a história delas; usam a presença, pois nada tão perfeito, tão majestoso poderia ter acontecido por acidente. Elas tinham que ter um Grande Criador — Deus.

Deus *faz* as estrelas! Ele é incrível. Ele é indescritível! E esse Deus que *faz* as estrelas... também fez você.

Deus quer preencher sua vida com a história dele. Basta olhar para as estrelas e começar a ouvir: *No começo Deus criou os céus e a terra...* (Gênesis 1:1 NVI). Assim como as estrelas, você é parte da história dele. E você foi feito para contar a todos quão incrível o Criador é.

Senhor, acho incrível pensar que Aquele que criou as estrelas quer me tornar parte da sua história! Obrigado! Abra os meus ouvidos para ouvir a história que a sua criação conta, e depois me ajude a contá-la também.

SURPREENDENTE

As estrelas não cintilam de verdade. *Parece* que sim porque nossa atmosfera faz com que a luz das estrelas se curve levemente conforme ela se dirige à Terra. Nossa atmosfera é composta de ar cheio de gás, que está sempre se movendo (pense nisso como o vento). A luz se move pela atmosfera conforme a atmosfera também se move. É isso que faz as estrelas parecerem cintilar.

YAKETY-YAK

**Quão numerosas são as tuas obras,
SENHOR! Com sabedoria fizeste todas elas;
a terra está cheia das tuas criaturas.
SALMO 104:24 (NVI)**

Imagine nadar em um lago gelado e congelante durante o inverno rigoroso — no alto das montanhas do Himalaia, onde nem as árvores crescem. Impossível, você diz? Não se você for um iaque.

Ou como você se sentiria dando um passeio ao ar livre em temperaturas tão baixas quanto 4 graus abaixo de zero? (Isso é muito mais frio do que o necessário para a neve cair!) Loucura, certo? Não se você for um iaque.

Você gostaria de cavar camadas de gelo espesso com seus chifres de 1 metro de comprimento só para conseguir algo para comer? Ridículo, você diz? Não se você for... isso mesmo, um iaque.

Por que estou falando sem parar sobre iaques? Apenas por isto: Deus dá a todas as suas criaturas tudo de que elas precisam para viver. Por que isso importa? Porque, como a criação mais preciosa de Deus, saiba que Ele lhe dará tudo de que precisa para viver a vida que Ele criou para você. Por isso, quando você precisar fazer algo difícil, pode confiar em Deus para lhe dar tudo de que precisa para fazê-lo.

Precisa se desculpar com um amigo? Deus pode ajudá-lo a ser humilde. Precisa perdoar alguém? Deus pode ajudar com isso também. (Afinal, Ele é muito bom em perdoar você!) Precisa mudar sua atitude? Deus pode — isso mesmo — mostrar exatamente o que você precisa fazer.

Claro, às vezes Deus pede que você faça algumas coisas difíceis, mas Ele nunca pede que as faça sozinho. Por isso, em vez de tagarelar sobre o que está incomodando, volte-se para Deus. Ele está pronto para ajudá-lo.

Deus, obrigado por me dar tudo o que preciso para viver a vida que você quer que eu viva. Me ajude a sempre recorrer ao Senhor — quando precisar de ajuda e quando achar que não preciso.

SURPREENDENTE

Os iaques vivem no Himalaia, uma cadeia de montanhas no Tibete que tem a montanha mais alta do mundo. *Himalaia* significa "morada da neve" ou "casa da neve". No topo da cadeia de montanhas — que chega a 8.849 metros no monte Everest — o gelo e a neve nunca derretem. Mas no sopé das montanhas há florestas tropicais onde vivem elefantes e tigres.

O CONTADOR DE ESTRELAS

Olhem para o céu e vejam as estrelas. Quem foi que as criou? Foi aquele que as faz sair em ordem como um exército; ele sabe quantas são e chama cada uma pelo seu nome. A sua força e o seu poder são tão grandes que nenhuma delas deixa de responder.

ISAÍAS 40:26

Uma *galáxia* é uma coleção gigantesca de estrelas, poeira e gás, todos mantidos juntos pela gravidade. A Terra, o Sol e os outros planetas que compõem nosso Sistema Solar são apenas uma pequena parte da nossa galáxia chamada Via Láctea. A Via Láctea é tão grande, que os cientistas acham que ela tem entre 100 bilhões e 400 bilhões de estrelas! Eles não sabem exatamente quantas, porque há estrelas demais para contar. Mas a Bíblia nos diz que Deus conta cada estrela. E Ele as chama pelo nome. A propósito, não são apenas as estrelas na Via Láctea. Deus conta e nomeia cada estrela em todos os bilhões e bilhões de galáxias que conhecemos — e os bilhões e bilhões de galáxias que ainda nem descobrimos. Isso é quão grande, notável e incrível é o nosso Deus.

Deus é maior do que qualquer coisa que já vimos ou qualquer coisa que poderíamos sonhar ou imaginar. Ele é enorme e seu universo é gigantesco! Mas você sabe o que é ainda mais surpreendente e maravilhoso? O mesmo Deus que sabe os nomes das estrelas também sabe o *seu* nome.

Olhar para o céu pode fazer você se sentir pequeno — como uma minúscula partícula flutuando na vastidão do espaço — mas você é importante para Deus. Ele conhece você, ama você e quer ser a parte mais importante da sua vida. Ele quer construir um relacionamento com você que nunca, nunca, nunca acabará.

SURPREENDENTE

Se você quisesse tentar contar todas as estrelas que conhecemos na Via Láctea, quanto tempo levaria? Contando uma estrela a cada segundo, levaria 3.168 anos! Da próxima vez que estiver do lado de fora à noite, veja quantas estrelas consegue contar. Mas não fique lá fora por milhares de anos, hein!

Deus, eu olho para todas as estrelas e fico surpreso que você saiba o nome de todas elas. Acima de tudo, estou muito feliz por saber que você sabe o meu nome também.

ATÉ AS ROCHAS

Rios, batam palmas! Montes, cantem com alegria diante do Senhor.
SALMO 98:8

Certa vez, quando Jesus viajava para Jerusalém, uma multidão se reuniu ao redor dele e começou a gritar louvores por todos os milagres que o tinham visto fazer. Só que os fariseus não gostaram disso e queriam que Jesus dissesse ao povo para ficar quieto. Mas Jesus disse: "Eu afirmo a vocês que, se eles se calarem, as pedras gritarão" (Lucas 19:40).

Jesus pode fazer até as rochas e pedras cantarem seus louvores — e isso parece ser exatamente o que está acontecendo a poucos quilômetros de Butte, Montana, onde uma formação rochosa incomum faz as pessoas ouvirem as músicas das Ringing Rocks ("Rochas Ressonantes"). Quando alguém bate nessas rochas especiais com um martelo, as rochas ressoam como um sino. O formato das rochas, seu tamanho e a maneira como estão empilhadas fazem com que cada rocha produza um som diferente.

Os cientistas não sabem exatamente por que essas rochas ressoam. Eles acham que talvez seja porque as rochas têm ferro. Mas os cristãos sabem o verdadeiro motivo: as rochas ressoam porque Deus as *criou* para ressoar. A Bíblia nos diz no Salmo 19:1 que "O céu anuncia a glória de Deus e nos mostra aquilo que as suas mãos fizeram" — e o mesmo acontece com os animais, as árvores, os oceanos e cada coisa que Deus criou. Todos eles declaram que Deus é incrível e que Ele é o nosso Criador. Até as rochas ressoam com seus louvores!

Deus, não consigo nem contar todas as coisas pelas quais eu deveria louvar o Senhor — mas eu quero tentar! Me ajude a lembrar de ressoar os seus louvores todos os dias.

SURPREENDENTE

Um campo similar de Ringing Rocks fica na Pensilvânia. Em junho de 1890, o dr. John J. Ott reuniu o suficiente dessas pedras especiais (cada pedra com um peso de cerca de 90 quilos) e as organizou de acordo com seus sons musicais. Ele então fez um show — um *verdadeiro* show de rock, pois *rock* significa "rocha" em inglês) — batendo nas pedras com um martelo de aço.

SEM BRINCADEIRA

Ninguém o despreze pelo fato de você ser jovem, mas seja um exemplo para os fiéis na palavra, no procedimento, no amor, na fé e na pureza.
I TIMÓTEO 4:12 (NVI)

Você provavelmente sabe que um gatinho cresce para ser um gato, um cachorrinho cresce para ser um cachorro e um patinho cresce para ser um pato. Mas sabia que uma *raposinha* cresce para ser uma raposa? Um *filhote de ornitorrinco* cresce para ser um ornitorrinco? Um *filhote de cisne* se torna um cisne? Ou um *peixinho* cresce para ser um peixe?

Porém, a verdadeira questão é: O que *você* vai se tornar quando crescer? Você se tornará a pessoa que Deus o projetou para ser? Deus lhe deu dons e talentos especiais — coisas que você pode fazer que ninguém mais pode fazer da mesma maneira maravilhosa. Ele quer que você use seus dons para amá-lo e amar as outras pessoas. Amar a Deus e amar os outros são os dois maiores mandamentos e você pode encontrá-los em Mateus 22:37–40.

SURPREENDENTE

As crianças podem fazer uma grande diferença no mundo ao realizar pequenas coisas — como confortar um amigo, compartilhar o que tem ou falar aos outros sobre Deus. O que você pode fazer hoje para crescer e se tornar a pessoa que Deus o criou para ser?

A boa notícia é que você não precisa esperar até crescer para começar a usar seus dons e seguir a palavra de Deus. Você pode começar agora mesmo. *Mas eu sou apenas uma criança*, você pode dizer. Tudo bem — basta verificar o que uma criança na Bíblia fez. Josias tinha apenas *oito anos* quando se tornou rei e levou o povo de volta a Deus. (Leia sobre Josias em 2Reis 22–23.)

Você não precisa ser um rei para fazer o que é certo e levar as pessoas a Deus. Você pode ser um professor, um bombeiro, o presidente — ou uma criança. Apenas ame a Deus com todo o seu coração, alma e mente, e ame o próximo — e você crescerá fazendo grandes coisas!

Querido Deus, obrigado por me criar de forma única e com um propósito. Me ajude a perceber todas as maneiras — grandes e pequenas — pelas quais posso mostrar o seu amor aos outros hoje.

GRANDES BOLAS DE FOGO!

Pois o Espírito que Deus nos deu não nos torna medrosos; pelo contrário, o Espírito nos enche de poder e de amor e nos torna prudentes.
2 TIMÓTEO 1:7

O Sol — ele aquece nossos rostos e ilumina nossos dias. Também desenhamos imagens dele: uma pequena bola amarela brilhante com um rosto sorridente no centro. Parece tão... amigável.

Mas isso é *só* porque o Sol está a 149.600.000 quilômetros de distância!

De perto, nosso Sol não é nada amigável. É uma grande esfera em chamas. A temperatura do núcleo do Sol é de 15 milhões de graus Celsius! E ele também não é uma pequena bola amarela. É enorme — absurdamente enorme! Se a Terra fosse do tamanho de uma bola de golfe, o Sol seria do tamanho de um elefante. Deus soprou aquele Sol de sua boca (confira o Salmo 33:6). O que isso nos diz sobre Deus? Ele é poderoso. Ele é incrível. Ele é capaz de fazer coisas que nem podemos tentar imaginar. Nosso Deus é *feroz* em seu poder!

O que Deus faz com todo esse poder? Ele dá o poder dele a *você*. Quando estiver cansado de tentar fazer a coisa certa sem chegar a lugar nenhum, quando suas preocupações o deixarem com medo de dar um passo ou quando você se sentir atacado por problemas grandes demais para lidar com eles sozinho, não tenha medo. Seja ousado! Seja corajoso! Clame a Deus em oração e peça a Ele por seu poder. Ele *vai* responder. E o Espírito dele

o tornará forte, imponente e poderoso. Confie em Deus. Ele está *ferozmente* ao seu lado e vai cuidar disso.

Senhor, nunca mais olharei para o Sol da mesma forma. O seu poder é incrível! Obrigado por me amar tanto a ponto de usar o mesmo poder que soprou o Sol para me ajudar.

SURPREENDENTE

Quão grande é o Sol? Você poderia colocar cerca de 1 milhão de Terras dentro do Sol. Isso seria como encher um ônibus escolar inteiro com bolas de golfe!

ÁRVORES E GALHOS

Eu sou a videira, e vocês são os ramos. Quem está unido comigo e eu com ele, esse dá muito fruto porque sem mim vocês não podem fazer nada.
JOÃO 15:5

Vamos começar com uma tarefa: vá olhar para uma árvore. Não apenas olhe para ela. Estude-a *de verdade*. Examine seu tronco, sua cor e seus galhos. Qual é a altura dela? Qual é a largura?

Uma árvore é um dos maiores projetos de Deus. Na verdade, no livro de Gênesis o próprio Deus disse que era um bom projeto. E quer saber de algo incrível? Deus repetiu o projeto básico de uma árvore dentro de você — e de mais de uma maneira.

Veja, Deus criou as árvores para ter um tronco principal e muitos galhos que... bem, *ramificam-se* do tronco. Esses galhos carregam seiva (que é como o sangue de uma árvore) e seus nutrientes para todas as partes da árvore.

Deus criou seus vasos sanguíneos para funcionarem de maneira semelhante. Esses vasos carregam seu sangue — e todos os seus nutrientes — para todas as partes do seu corpo. Os maiores vasos se conectam ao coração e são como o tronco de uma árvore. Os vasos menores — como os galhos de uma árvore — ramificam-se para levar sangue para áreas cada vez menores, para que cada parte do seu corpo seja alcançada.

Da mesma forma, Jesus é nossa árvore divina e nós somos galhos crescendo a partir dele. Se nossa conexão com ele for danificada, então nós também seremos danificados. Assim como um galho cortado de uma árvore não cresce mais ou não produz frutos, se nos separamos de Jesus não crescemos mais ou não produzimos seu fruto de amor, gentileza, alegria e paz.

SURPREENDENTE

A árvore mais alta do mundo é uma sequoia-vermelha. Ela fica em uma parte remota do Parque Nacional Redwood, na Califórnia. Com incríveis 115 metros de altura, ela foi chamada de *Hyperion*. A propósito, é mais ou menos a altura de um prédio de 35 andares — e é ainda mais alta do que a maioria das rodas-gigantes!

Por isso, permaneça conectado a Jesus — e você permanecerá nutrido e capaz de produzir uma rica colheita de frutos celestiais.

Obrigado, Senhor, por me nutrir como o ramo de uma árvore. Me ajude a sempre permanecer conectado a você, para que eu continue crescendo e produzindo bons frutos. O Senhor é tudo o que eu preciso!

OUVIDOS PARA OUVIR

[...] não sejam apenas ouvintes dessa mensagem, mas a ponham em prática.
TIAGO 1:22

Seus ouvidos são uma criação incrível. Eles não só permitem que você ouça, mas também ajudam a manter o equilíbrio e — acredite ou não — interferem no paladar. Seus ouvidos nunca param de funcionar, mesmo quando você está dormindo profundamente.

Seus ouvidos funcionam capturando ondas sonoras no ouvido externo, que é chamado de *pavilhão auricular*. Essa é a parte do ouvido que você pode ver. As ondas sonoras descem para o ouvido médio, onde se transformam em vibrações

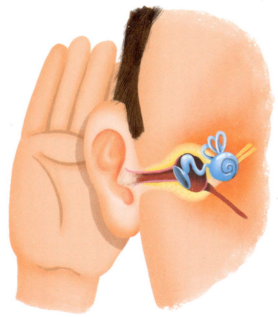

e, em seguida, viajam para o tímpano. De lá, elas fluem para a cóclea, que está localizada no ouvido interno. Em seguida, as ondas sonoras vão para o cérebro — que reúne tudo e diz o que você está ouvindo.

Sua audição é um grande presente de Deus, mas o que você faz com o que ouve é seu presente de volta para Deus. Jesus disse desta forma:

> "Quem ouve esses meus ensinamentos e vive de acordo com eles é como um homem sábio que construiu a sua casa na rocha. Caiu a chuva, vieram as enchentes, e o vento soprou com força contra aquela casa. Porém ela não caiu porque havia sido construída na rocha. Quem ouve esses meus ensinamentos e não vive de acordo com eles é como um homem sem juízo que construiu a sua casa na areia. Caiu a chuva, vieram as enchentes, e o vento soprou com força contra aquela casa. Ela caiu e ficou totalmente destruída." (Mateus 7:24–27)

Não deixe sua vida desabar como a casa daquele homem sem juízo. Ouça a Deus! Como? Lendo a palavra dele, ouvindo enquanto outros a ensinam e ouvindo o Espírito Santo enquanto Ele o lembra das coisas que Deus disse. E depois de ouvir a palavra de Deus? Faça o que ela diz!

Senhor, me ajude a ouvir o que a sua palavra ensina — e depois me dê força e coragem para fazer o que ela diz.

SURPREENDENTE

Três ossos compõem a orelha: o *martelo*, a *bigorna* e o *estribo*. Eles são os menores ossos do corpo humano — tão pequenos, que os três caberiam em uma única moeda.

18

CHEIO DE PODER

Será que vocês não sabem que o corpo de vocês é o templo do Espírito Santo, que vive em vocês e lhes foi dado por Deus? Vocês não pertencem a vocês mesmos, mas a Deus.
I CORÍNTIOS 6:19

Formigas são pequenas criaturas, mas podem levantar até 50 vezes seu próprio peso. O besouro-rinoceronte pode levantar algo que pesa até 100 vezes o seu peso. Isso seria como uma pessoa levantando algo que pesa cerca de 9 toneladas. Ou pense desta forma: um urso polar pesa cerca de meia tonelada, então seria como levantar 18 ursos polares. Ainda mais impressionante é o besouro rola-bosta, que pode arrastar até 1.141 vezes seu peso corporal — e nem queira saber o que esse besouro rola-bosta está arrastando!

Deus pode colocar muito poder e força em pequenos pacotes. Na verdade, Ele coloca uma quantidade inacreditável de poder e força dentro de você. Veja só: quando você decide seguir a Deus e se tornar um de seus filhos, Ele coloca seu Espírito — o Espírito Santo — dentro de *você*. Seu corpo realmente se torna um lar para o Espírito de Deus! Esse é um presente indescritível, mas também é uma grande responsabilidade.

SURPREENDENTE

As teias da aranha tecelã Nephila são tão fortes, que as pessoas no Pacífico Sul as usam como redes de pesca.

Esse presente do Espírito Santo não foi gratuito. "Pois ele os comprou e pagou o preço" (1Coríntios 6:20), e Deus pagou esse preço quando seu Filho, Jesus, sofreu e morreu na cruz. Como resultado, Deus espera que você cuide muito bem do seu corpo. Isso significa comer alimentos bons, se exercitar e descansar bastante. Significa não fazer mal a si mesmo com drogas, álcool ou fumo. Mas não é suficiente apenas observar o que você coloca no seu corpo. Honrar a Deus também significa não usar seu corpo para pecar. Evite coisas como usar sua boca para fofocar ou deixar seus olhos observarem coisas que você não deveria ver.

Como filho de Deus, seu corpo está repleto do poder, força e presença do Espírito de Deus. Peça a Ele para ajudá-lo a usar seu corpo para honrá-lo e fazer o que Ele quer que você faça!

Deus, sei que ainda sou meio pequeno, mas também sei que você pode me usar de maneiras poderosamente grandes. Como posso viver para o Senhor hoje?

19
GRAÇA ASTRONÔMICA

Agora já não existe nenhuma condenação para as pessoas que estão unidas com Cristo Jesus.
ROMANOS 8:1

Quando olho para as estrelas e penso em quão *grande* é o espaço — tão astronomicamente enorme, que os cientistas nunca sequer vislumbraram seus limites —, eu me sinto *minúsculo*. Mas então penso em quão incrível tudo isso é! E ainda mais incrível é o fato de que aquele que criou tudo também nos ama, você e eu.

A prova do amor e da graça de Deus está ao nosso redor. É como se toda a criação fosse a maneira de Deus dizer: "Eu te amo". Não acredita? É só olhar o que está no centro da Galáxia do Redemoinho.

A Galáxia do Redemoinho fica a cerca de 30 milhões de anos-luz de distância e, escondida dentro dela, há algo chamado Estrutura X. Os cientistas nos dizem que o X escuro marca o ponto exato de um buraco negro tão grande, que seu tamanho é igual a 1 milhão dos nossos sóis. É tão *astronomicamente* grande, que tem 1.100 anos-luz de diâmetro. Isso *é* incrível, mas acredito que o

X marca o ponto de algo mais do que apenas um buraco negro. Porque, se você inclinar um pouco a cabeça, esse X parece uma cruz — e marca o ponto de mais um lembrete do amor e da graça astronômicos de Deus.

Deus enviou Jesus à Terra para viver e morrer em uma cruz. Por quê? Para que seus pecados pudessem ser perdoados e você pudesse estar com Deus. Isso se chama "graça". E, não importa o que você tenha feito — não importa qual erro, qual pecado, que bagunça você fez —, Deus está pronto para perdoá-lo. Você só precisa pedir perdão. Porque a graça de Deus não é apenas grande. Não é apenas enorme. É *astronômica*!

Senhor, às vezes sinto como se tivesse feito uma grande bagunça. Obrigado, Senhor, pela sua graça astronômica que perdoa e cobre até os meus maiores pecados.

SURPREENDENTE

Um buraco negro, que se forma quando uma estrela está morrendo, é um lugar no espaço onde a gravidade é tão forte, que nem a luz consegue escapar. Como nenhuma luz consegue escapar dos buracos negros, eles são invisíveis. Os cientistas só conseguem vê-los usando telescópios especiais.

SUBINDO A MONTANHA

Eu chamo o Senhor para me ajudar, e lá do seu monte santo ele me responde.
SALMO 3:4

O monte Everest é a montanha mais alta do mundo. Como ele atinge uma altura de 8.848,86 metros acima do nível do mar (cerca de 8 quilômetros), você precisaria empilhar mais de 20 Empire State Buildings — um dos arranha-céus mais altos dos Estados Unidos — para conseguir igualar as alturas.

Milhares de pessoas tentaram escalar o monte Everest, mas nem todas conseguiram chegar ao topo. O frio e a falta de oxigênio nas altitudes tornam a escalada do Everest extremamente difícil. Os escaladores usam guias experientes chamados *xerpas* para ajudá-los a saber qual trilha seguir e para ajudá-los a sobreviver.

Você já sentiu como se tivesse um problema tão grande quanto o Monte Everest? Talvez seja um problema com um trabalho escolar, um problema em casa, uma doença ou algo com o qual você simplesmente não sabe como lidar. A boa notícia é que você tem um guia para ajudá-lo a superar essa montanha de problemas — Deus — e Ele detém o título de *melhor escalador que existe*. Na verdade, a Bíblia diz que Ele já conhece cada montanha que você enfrentará ao longo da sua vida e Ele sabe a maneira perfeita de escalá-las. Ele lhe mostrará qual trilha seguir e lhe dará tudo de que você precisa para sobreviver. É só pedir a Ele: uma simples oração é tudo que é preciso. Ele responderá — por meio das palavras da Bíblia, por meio do conselho de um professor ou amigo de confiança ou por meio da voz dele sussurrando para o seu coração. Confie a Deus os seus problemas e Ele o guiará até o topo.

Senhor, às vezes os meus problemas parecem maiores do que o monte Everest. Obrigado por sempre estar presente para me guiar quando preciso de ajuda e mesmo quando acho que não preciso.

SURPREENDENTE

O monte Everest atinge o ponto mais alto de qualquer montanha na Terra, mas não é realmente o mais alto. Mauna Kea, um vulcão inativo no Havaí, é a montanha mais alta do mundo. Está apenas 4.207 metros acima do nível do mar, mas se estende quase 6 mil metros abaixo da água. Sua altura total — da base no fundo do oceano até o topo — é de 10.105 metros!

Mauna Kea

21
TEM ALGUÉM TE OBSERVANDO

Ele não permitirá que os seus pés tropecem; o seu protetor não cochilará [...] O Senhor protegerá a sua saída e a sua chegada, desde agora e para sempre.
SALMO 121:3, 8 (NVI)

Já ouviu alguém dizer que sempre há alguém de olho em você? Bem, se olhar para a Nebulosa da Ampulheta, você pode dizer que é verdade! É como se o olho de Deus estivesse nos observando!

Localizada a cerca de 8.000 anos-luz da Terra, a Nebulosa da Ampulheta foi formada por uma estrela moribunda. A estrela ejetou algumas de suas camadas externas e então lançou esses materiais para o espaço nos ventos estelares — dando a ela a aparência de ampulheta. Pelo menos é o que os cientistas dizem, mas se você me perguntar... a Nebulosa da Ampulheta parece um globo ocular gigante flutuando no espaço! E isso me lembra que Deus está sempre tomando conta de nós.

Algumas pessoas acham que o fato de Deus estar sempre observando é uma coisa ruim. Elas parecem pensar que Deus está apenas esperando que cometamos um erro, para que Ele possa nos atacar. Nada poderia ser menos verdadeiro! Sim, Deus vê quando você erra. Afinal, Ele sabe e vê tudo — mesmo antes de você pensar ou fazer alguma coisa. Mas nada que você faça vai levá-lo a amá-lo mais e nenhum pecado que você cometa vai levá-lo a amá-lo menos.

Deus está sempre observando não para punir, mas para proteger e ajudar. Ele nunca se cansa e nunca dorme. Está sempre pronto para ajudar você e sempre tem tempo para ouvir, não importa a hora! Peça a Deus para guiá-lo e para cuidar de você — afinal, Ele não está dormindo mesmo.

Deus, o Senhor sabe todas as coisas, e sabe tudo sobre mim. Sempre me vê e nunca para de me proteger e guiar! Você me ama e quer me ajudar. Isso é incrível para mim, Deus. É tão incrível que é... indescritível!

SURPREENDENTE

No século VIII, um monge francês chamado Liutprand inventou a primeira ampulheta (também chamada de relógio de areia). Ela media o tempo pela queda de areia de um bulbo de vidro para o outro. Já no século XIV, os marinheiros usavam a ampulheta para contar as horas, já que as ondas não a afetavam.

ILUMINAR O MUNDO

"Assim também a luz de vocês deve brilhar para que os outros vejam as coisas boas que vocês fazem e louvem o Pai de vocês, que está no céu."

MATEUS 5:16

Se você já viu a aurora boreal, então sabe que Deus pode fazer um show de luzes como nenhum outro! A aurora boreal — ou *aurora borealis* — são luzes coloridas que brilham e dançam no céu nas áreas ao redor do Polo Norte. Elas são causadas por partículas do Sol em movimentação rápida (chamadas de "vento solar") que atingem o campo eletromagnético que cerca e protege a Terra dos raios mais nocivos do Sol. Quando essas partículas atingem átomos de gás na nossa atmosfera, esses gases brilham, criando um show de luzes espetacular. As luzes são tão vívidas, que podem ser vistas até do espaço.

Um show tão incrível só poderia ser criado por um Deus incrível. E o principal propósito desse show de luzes é nos dizer quão grande e glorioso nosso Deus é.

Mas o céu não é a única coisa que Deus usa para falar de sua grandeza e glória. Deus brilha a luz do seu amor nas nossas vidas e nos faz brilhar com amor por Ele e pelas outras pessoas. Ele nos enche com sua luz para um grande propósito — brilhar no mundo e mostrar a outras pessoas o caminho para segui-lo.

Como brilhamos a luz de Deus? Deus diz assim: "Abandonem toda amargura, todo ódio e toda raiva. Nada de gritarias, insultos e maldades! Pelo contrário, sejam bons e atenciosos uns para com os outros. E perdoem uns aos outros, assim como Deus, por meio de Cristo, perdoou vocês" (Efésios 4:31–32). Quando você viver dessa maneira, com certeza iluminará o mundo!

Deus, ilumine a minha vida com a luz do seu amor. Me ajude a espalhar a sua luz por todo o mundo.

SURPREENDENTE

As cores da aurora boreal são criadas quando os ventos solares colidem com diferentes gases na atmosfera. Amarelo, vermelho e verde vêm do choque com o oxigênio. Violeta e azul são criados pelos ventos solares colidindo com o nitrogênio.

DESCANSE NA SOMBRA

O Senhor é o seu protetor;
o Senhor é a sombra à sua direita.
SALMO 121:5 (NVI)

A mais de 28 milhões de anos-luz de distância existe um chapéu gigante. Na verdade, há uma galáxia que parece um chapéu — um sombrero, para ser exato. A aparência incomum da galáxia vem de um anel de poeira escura ao seu redor e uma protuberância de bilhões de estrelas brilhantes no seu centro. Cientistas acreditam que um buraco negro supermassivo — com a massa de 1 bilhão de sóis — fica no centro do sombrero.

A palavra *sombrero* vem do espanhol *sombra*, que tem o mesmo significado da palavra em português. No México, a aba dos sombreros pode ter até meio metro de largura! É muita sombra, mas é necessária. A sombra do sombrero proporciona um alívio muito fundamental para uma pessoa que trabalha no calor escaldante do Sol.

Às vezes, seguir Jesus pode parecer um trabalho árduo no calor escaldante. É que este mundo nem sempre quer ouvir sobre Deus e pode "aumentar a temperatura" quando tentamos falar às pessoas sobre Ele. Você pode ser ridicularizado por acreditar em Deus. As pessoas podem dizer que você não pode orar em certos lugares ou em certos momentos, ou mesmo falar sobre Deus em voz alta. E, às vezes, as coisas na sua vida ficam realmente difíceis — como quando alguém que você ama está doente, uma pessoa ou animal de estimação morre, você está estressado com o trabalho escolar ou fazer amigos parece difícil.

Às vezes, você só precisa descansar um pouco na sombra. Deus quer ser sua sombra e Ele oferece uma proteção melhor do que até mesmo o maior dos sombreros. Tire um tempo para falar com Ele e descansar na sua presença. Ele vai protegê-lo e lhe dará o descanso de que você precisa — para que possa voltar e enfrentar o calor do mundo.

Senhor, quero contar ao mundo tudo sobre você. Mas é difícil quando as pessoas não querem ouvir. Às vezes, as coisas difíceis da vida me deixam cansado e triste. Me ajude a descansar à sua sombra para que eu possa voltar e contar a mais pessoas sobre o Senhor.

SURPREENDENTE

O sombrero fez sua primeira aparição no século XV e era feito de feltro ou palha. Era mais popular na Espanha, no México e sudoeste dos Estados Unidos. Mais tarde, foi adotado por fazendeiros e habitantes das fronteiras nos Estados Unidos. Com o tempo, o sombrero foi transformado no chapéu de caubói moderno.

TODA A CRIAÇÃO CANTA

Aleluia! Louvem ao Senhor desde os céus; louvem-no nas alturas! [...] Louvem-no, sol e lua; louvem-no, todas as estrelas cintilantes! [...] Louvem ao Senhor desde a terra, serpentes marinhas e todas as profundezas.
SALMO 148:1,3,7 (NVI)

Todo mundo sabe que as estrelas cintilam e brilham. Mas sabia que elas também cantam? Durante a noite toda — e durante todo o dia também — elas cantam seus louvores àquele que as pendurou nos céus e as chamou pelo nome.

Sabemos que as estrelas cantam porque os cientistas passaram muito tempo ouvindo os céus. Os cientistas apontam grandes radiotelescópios para as estrelas para capturar seus sons. Uma estrela em particular, Pulsar de Vela, está a cerca de 1.000 anos-luz de distância. Ela se formou ao explodir em uma supernova enquanto estava morrendo, e então entrou em colapso sobre si mesma com tanta força, que agora gira 11 vezes por segundo em seu eixo (se isso não parece impressionante, tente girar 11 vezes por segundo!). Conforme o Pulsar de Vela gira, ele dispara uma frequência de rádio — uma batida rítmica, parecida com um tambor, que não para. E essa é apenas uma estrela!

Não são apenas as estrelas que cantam; a Terra toda está na sinfonia. As árvores batem palmas, as montanhas cantam e todos os animais gritam, desde os pássaros até as canções das baleias que ecoam pelos oceanos:

Nosso Deus é incrível e maravilhoso.

Nosso Deus é poderoso além da nossa imaginação.

Nosso Deus é *indescritível*!

Toda a criação canta louvores a Deus porque Ele criou tudo. Mas tem algo em você que é diferente do resto da criação — *Deus criou você à imagem dele*. Deus projetou você para ser como Ele — por isso, você tem ainda mais para cantar do que as estrelas. Adicione sua voz à sinfonia de Deus hoje!

SURPREENDENTE

Algumas estrelas emitem uma batida constante de *rat-a-tat-tat*. Outras cantam como violinos. Se você quiser ouvir as canções das estrelas, peça aos seus pais para ajudá-lo a procurar uma gravação na internet.

Senhor, você é tão incrível. Eu quero juntar a minha voz às canções da sua criação. Eu louvo o Senhor por quem é e por tudo o que fez. A sua criação é maravilhosa!

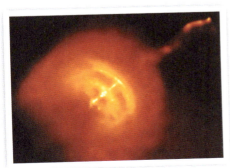

Pulsar de Vela

OCUPADO COMO UMA... ABELHA?

No sétimo dia Deus acabou de fazer todas as coisas e descansou de todo o trabalho que havia feito.
GÊNESIS 2:2

As abelhas se mantêm ocupadas. Muito ocupadas. Só para voar, uma abelha tem que bater suas asas 200 vezes por segundo — que é o que dá a uma abelha seu som de *bzzz*. As abelhas operárias são as mais ocupadas de todas. Elas são enviadas para encontrar néctar e pólen, que depois se transformam em mel. Os *entomologistas* — essa é uma palavra grande para "especialistas em insetos" — descobri fazem 12 viagens de coleta por dia. E uma abelha visitará entre 50 e 100 flores em cada uma dessas viagens. Essas abelhas ocupadas trabalham quase sem parar do nascer ao pôr do Sol. E, quando precisa de uma pausa, pode tirar um cochilo de 30 segundos! As abelhas operárias têm vidas muito curtas, mas extremamente produtivas — a abelha operária média vive apenas de três a seis semanas!

Claro que é bom trabalhar. É bom brincar. E é bom estar ocupado. Mas também é bom descansar. Seu corpo *precisa* dormir. Quando você dorme, o seu cérebro se prepara para o dia seguinte, organizando pensamentos e armazenando coisas que você quer lembrar. É também no sono que seu corpo cura e repara seu coração e vasos sanguíneos — para mantê-lo funcionando em ótima forma. E, quando você é criança, seu corpo produz hormônios para ajudá-lo a crescer. Se não dorme o suficiente, você não pensa de forma clara e seu corpo não funciona tão bem quanto deveria. Embora Deus nunca se canse (Salmo 121:4), Ele reservou um tempo para descansar depois de criar o mundo. Ele fez isso para nos ensinar que o descanso é importante. Por isso, sim, vá e fique ocupado como uma abelha, às vezes — mas também garanta que vai descansar bastante!

Favo de mel das abelhas

Senhor, eu entendo que há momentos para estar ocupado e momentos para descansar. Me ensine a trabalhar e a descansar para a sua glória.

SURPREENDENTE

Às vezes, o mel é chamado de "alimento milagroso", porque ele contém quase todos os nutrientes necessários para a vida e não estraga por anos — nem mesmo *milhares* de anos. Os arqueólogos de fato encontraram potes cheios de mel em tumbas egípcias antigas, e ele ainda está bom para consumo!

26
BRILHE

No meio delas vocês devem brilhar como as estrelas no céu, entregando a elas a mensagem da vida.
FILIPENSES 2:15–16

Fala-se muito sobre o luar e como ele ilumina a noite. Mas, na verdade, não existe luar. A Lua não brilha de verdade; em vez disso, quando está no lugar certo, ela reflete a luz do Sol. O Sol é a verdadeira estrela do show (sem trocadilhos)!

O Sol emite luz, o que significa que é *luminoso*. Já a Lua é *iluminada*, o que significa que ela é iluminada ao refletir a luz do Sol.

As pessoas são muito parecidas com a Lua. *O quê? Você quer dizer redondas e espaciais?* Não exatamente. Mas, assim como a luz do Sol se reflete na escuridão quando a Lua está no lugar certo, a luz de Deus também se reflete na escuridão cheia de pecado deste mundo quando você está no lugar certo. Estar no lugar certo significa seguir Jesus. Quando segue Jesus, você reflete a luz dele — o amor, a bondade, graça, gentileza e o poder dele — na vida daqueles ao seu redor. Você brilha simplesmente por ficar perto dele, a Luz do Mundo!

SURPREENDENTE

Em 21 de julho de 1969, Neil Armstrong se tornou o primeiro homem a pisar na Lua. Ele fez parte da missão espacial Apollo 11 da NASA. Ele saiu da sua nave espacial, a Eagle, e disse: "Esse é um pequeno passo para o homem, um salto gigante para a humanidade". E, como a Lua não tem vento, as pegadas dele ainda estão lá!

Mas como? Não é algo difícil de fazer, embora exija prática. Estude a palavra dele, a Bíblia. Ouça aqueles que ensinam sobre Ele. E fale com Ele em oração todos os dias. Suas orações não precisam ser extravagantes, longas ou eloquentes. Diga "obrigado" quando vir um dos presentes de Deus. Diga a Ele que você o ama. Ou simplesmente sussurre: "Não sei o que fazer, Senhor. Ajude-me". Quando faz isso, você brilha Jesus no mundo.

Deus, me ajude a permanecer perto de você, para que a sua luz sempre brilhe sobre mim. E me ajude a refletir a sua luz para o mundo.

27
SINTO A TERRA SE MEXER... DEBAIXO DOS MEUS PÉS

Jesus Cristo é o mesmo ontem, hoje e sempre.
HEBREUS 13:8

Você já sentiu a Terra se mexer debaixo dos seus pés, mesmo quando não estava dançando? Se sim, você pode ter sentido um terremoto!

Nós pensamos na Terra como algo sólido e parado, mas, na realidade, ela está constantemente em movimento. Os continentes e oceanos do nosso planeta ficam em placas tectônicas que "flutuam" no magma abaixo da superfície. As placas se movem e mudam de lugar, às vezes colidindo umas com as outras e outras vezes se afastando. Uma placa pode deslizar sobre a outra, ou duas placas podem colidir. Quando isso acontece, cria-se uma força poderosa, e essa força faz a Terra tremer, ondular e rachar. Chamamos isso de "terremoto". Terremotos podem causar deslizamentos de terra, tsunamis e inundações, mas também podem criar montanhas e vales. Um terremoto realmente poderoso pode se parecer muito com andar em uma montanha-russa descontrolada, mas bem mais assustador!

Às vezes, em nossas vidas, é como se estivéssemos presos em uma montanha-russa. Em um minuto, tudo é maravilhoso e você está seguindo para o topo. Mas, no minuto seguinte, o desastre acontece, e você está mergulhando rumo ao fundo a uma velocidade assustadora. Mesmo que sua vida esteja mudando constantemente, Deus nunca muda. Ele está sempre trabalhando para o que é melhor para você — esteja você subindo para o topo, deslizando pelo meio ou mergulhando rumo ao fundo. No meio dessa viagem, Deus segura você firmemente. E Ele usa os altos e baixos dessa vida de montanha-russa para criar montanhas de fé e vales de descanso, moldando o curso da sua vida com Ele.

SURPREENDENTE

Você sabia que há aproximadamente 500 mil terremotos detectáveis no mundo a cada ano? Cerca de 100 mil deles podem realmente ser sentidos, mas apenas cerca de 100 causam algum dano. A Flórida e a Dakota do Norte têm o menor número de terremotos nos Estados Unidos, enquanto o Alasca tem o maior número, com até 4 mil por ano!

Deus, quando tudo ao meu redor está girando como uma montanha-russa maluca, sou tão grato pelo Senhor estar comigo! Sempre me mantenha seguramente preso com o seu amor.

TESOUROS QUE DURAM

"Não ajuntem riquezas aqui na terra [...] Pelo contrário, ajuntem riquezas no céu [...]."
MATEUS 6:19—20

É fácil olhar para o nosso mundo e pensar: "Uau! Este lugar é enorme!" E, comparada ao nosso tamanho, a Terra é enorme. Mas comparada ao resto do universo... Bem, não é tão grande assim.

Aqui estão alguns fatos para você: imagine que todo o nosso sistema solar (a Terra, o Sol, a Lua, todos os outros oito planetas e suas luas) fosse do tamanho de uma moeda de 25 centavos. Isso tornaria a Terra uma partícula microscópica de poeira. A estrela mais próxima, Proxima Centauri, seria outra moeda de 25 centavos que está a dois campos de futebol de distância. Se você fosse comparar nosso sistema solar com toda a Via Láctea, seria como colocar uma moeda de 25 centavos nos Estados Unidos. E isso é comparado a apenas uma galáxia. Os cientistas acham que há bilhões e bilhões de outras galáxias no universo.

Com essa perspectiva, a Terra parece quase microscópica. E todas essas coisas que queremos — um videogame de última geração, as roupas mais modernas — parecem, de repente, sem importância. E essas coisas são realmente pequenas comparadas à vastidão do universo de Deus. Os tesouros da Terra não duram.

Mas há coisas que duram e coisas que — mesmo quando comparadas à vastidão do universo — ainda são importantes. São os tesouros celestiais que vêm de conhecer e seguir a Deus: amor, alegria, paz, paciência, bondade, fidelidade, gentileza e autocontrole. Por isso, na próxima vez que você estiver se preocupando com tesouros terrenos, lembre-se de quão pequenas essas coisas realmente são — e concentre-se nos tesouros celestiais.

Deus, quando eu me pego querendo mais e mais coisas, me lembre do que é realmente importante e do que durará para sempre. Me ajude a focar em ficar rico dos tesouros celestiais que vêm de seguir o Senhor.

SURPREENDENTE

Quanto maior o espelho de um telescópio, mais longe podemos ver! O maior telescópio terrestre é o Gran Telescopio Canarias nas Ilhas Canárias, com uma superfície de espelho de 10 metros. Ele recentemente avistou um halo de estrelas a 500 milhões de anos-luz de distância! O Telescópio Espacial Hubble pode ver ainda mais longe, porque está no espaço. Ele tem um espelho de 2,40 metros e fotografou galáxias a bilhões de anos-luz de distância!

Gran Telescopio Canarias

O PODER DO FILHO

**Então Jesus chegou perto deles e disse:
— Deus me deu todo o poder no céu e na terra.
MATEUS 28:18**

Se tivesse que ficar sem comer por alguns dias, você acharia difícil fazer algo tão simples quanto levantar o braço. Por quê? Porque a energia que você obtém dos alimentos alimenta seu corpo para trabalhar. Sem comida? Sem energia — e sem levantar o braço.

As plantas também precisam de comida. O "alimento" de uma planta — sua energia — vem do Sol. Na verdade, o Sol é a fonte de quase toda energia e poder da Terra. Ele aquece nosso planeta, alimenta nosso clima e move as ondas e correntes nos nossos oceanos. A vida na Terra seria impossível sem o Sol.

Para cada segundo de cada minuto de cada dia, o Sol converte quase 700 milhões de toneladas de gás hidrogênio em gás hélio e a maior parte disso se transforma em energia. Surpreendentemente, obtemos mais energia do Sol em uma única hora do que precisamos para alimentar todos os dispositivos em todo o nosso planeta por um ano!

Há outra fonte de energia cujo poder é verdadeiramente indescritível — o único Filho de Deus, Jesus. Jesus tinha o poder de fazer coisas impossíveis, como curar os doentes, fazer os cegos enxergarem, ressuscitar os mortos e parar as tempestades. Por causa do poder de Jesus e porque Ele deu sua vida por nós, recebemos o perdão dos nossos pecados, a capacidade de falar com Deus e o presente de viver para sempre no céu com Ele. E, com seu poder, Jesus nos ajuda a fazer coisas que parecem impossíveis: perdoar alguém que nos machucou, amar nossos inimigos e fazer a coisa certa, mesmo quando ninguém mais faz.

Esse é o poder do Filho — e ele brilha mais forte do que um milhão de sóis!

SURPREENDENTE

Geralmente pensamos na nossa energia vinda de combustíveis fósseis, como petróleo e gasolina. Usamos a energia que vem da queima de combustíveis fósseis para fazer nossos carros funcionarem, aquecer e resfriar nossas casas e manter nossos fogões quentes para cozinhar refeições. Mas, na verdade, os combustíveis fósseis são formas de energia solar de segunda mão. Os combustíveis fósseis são plantas que se decompuseram ao longo do tempo. Mas mesmo essas plantas começaram com a energia do Sol.

Jesus, às vezes fazer a coisa certa parece impossível. Mas eu sei que vai me ajudar com o seu poder. Obrigado por tornar o impossível possível.

O FATOR UAU

O que vocês fizerem façam de todo o coração, como se estivessem servindo o Senhor e não às pessoas.
COLOSSENSES 3:23

Largue este livro — só por um minuto — e olhe pela janela. Esteja você no campo ou na cidade, seja noite ou dia, a criação de Deus está ao seu redor. Há coisas grandes, enormes e indescritivelmente incríveis como o Sol, a Lua, a Via Láctea e os bilhões de outras maravilhas do universo. E então há as maravilhas massivas desta Terra, como montanhas altas, mares agitados e leões rugindo.

Deus certamente criou algumas coisas incríveis — e incrivelmente grandes. Mas, hoje, dê uma olhada nas pequenas coisas. Examine a folha da árvore, as asas delicadas de uma borboleta ou a perfeição da teia de uma aranha. Levante uma mão e passe os dedos pelas pequenas cristas da sua impressão digital — uma impressão digital que Deus deu a você e somente a você. Nosso Deus não apenas nos faz dizer "uau" para as maiores coisas de sua criação. Ele também faz isso com a atenção que Ele dá até mesmo às menores coisas.

E Deus quer que você faça a mesma coisa. Deus é um excelente Criador e você pode honrá-lo fazendo tudo na vida com excelência. Não dê o seu melhor apenas nos grandes projetos, nos grandes jogos, nas grandes provas. Não trabalhe duro apenas quando outra pessoa estiver observando. Dê o seu melhor, mesmo nas coisas comuns do dia a dia — desde limpar o seu quarto até ficar no banco no jogo de futebol. Dê o seu melhor em todas as coisas, mesmo quando ninguém mais percebe. Porque Deus percebe. Faça todas as coisas para Deus porque o seu trabalho o honra! É isso que Deus chama de ser fiel nas pequenas coisas. E, quando você é fiel nas pequenas coisas, Deus sabe que pode confiar em você em relação às grandes coisas também (Lucas 16:10).

Senhor, me ajude a honrá-lo na maneira como eu sirvo em todas as coisas — grandes e pequenas —, assim como naquelas que ninguém mais percebe. Obrigado pela sua atenção tanto para as grandes quanto para as pequenas coisas!

SURPREENDENTE

Aqui estão alguns fatos fascinantes sobre borboletas: as borboletas sentem o gosto com os pés. Um grupo de borboletas é chamado de "nuvem". A borboleta Hesperiidae é tão rápida, que pode ultrapassar um cavalo. E aqui vai um fato nojento: muitas borboletas adultas nunca fazem cocô — elas usam tudo o que comem para obter energia.

QUANDO AS ESTRELAS MORREM

Jesus, porém, bradando novamente em alta voz, entregou o espírito. Naquele momento, o véu do templo rasgou-se em duas partes [...]
MATEUS 27:50–51

Estrelas nascem e também morrem. Geralmente pensamos na morte como algo feio, mas, quando uma estrela morre, na verdade é bem bonito. Estrelas são basicamente grandes bolas de gás. Quando esse gás queima, a estrela morre. Estrelas menores encolhem e se tornam *anãs brancas*. Por fim, elas param de brilhar completamente e se tornam *anãs negras*. Estrelas maiores produzem ferro enquanto queimam. O ferro absorve a energia da estrela como uma esponja até explodir em uma supernova — uma coisa incrivelmente linda de ver.

Quando Jesus morreu na cruz, o sofrimento de sua morte teria sido a coisa mais horrível de ver — e a mais linda. *Linda? Como a morte de Jesus poderia ser linda?* Foi linda por causa do motivo da sua morte. Jesus escolheu morrer para que pudéssemos ser salvos dos nossos pecados. Jesus — a estrela brilhante do céu — morreu em uma supernova de graça tão grande, que a cortina do templo se rasgou em duas. A cortina que separava o povo de Deus se rasgou de cima a baixo porque Deus estendeu a mão do céu e a rasgou em duas. E, porque Jesus morreu, eu e você podemos ficar diante de Deus com todos os nossos pecados lavados pela santidade de Jesus. E eu e você — e todos os que escolherem segui-lo — passaremos a eternidade no céu com ele. Isso é realmente lindo.

Jesus, obrigado por sofrer na cruz por causa dos meus pecados. É difícil acreditar que o Senhor fez isso por mim. Obrigado pelo seu lindo presente. Me ajude a viver cada dia como um louvor ao Senhor.

SURPREENDENTE

Antes de Jesus morrer na cruz, a cortina do templo separava as pessoas do Santo dos Santos, que é onde estava a presença de Deus. Como as pessoas eram pecadoras, elas não podiam estar na presença de Deus. Apenas uma vez por ano o sumo sacerdote podia ir atrás da cortina — mas somente depois de muitas limpezas especiais e sacrifícios para expiar (ou pagar) os pecados das pessoas. Os estudiosos acreditam que a cortina tinha 18 metros de altura, 9 metros de largura e até 10 centímetros de espessura — uma cortina que somente Deus poderia rasgar em duas!

32

A BELEZA INTERIOR

Estou convencido de que aquele que começou a boa obra em vocês há de completá-la até o dia de Cristo Jesus.
FILIPENSES 1:6 (NVI)

Estalactite. Estalagmite. Uma cresce de cima e a outra de baixo. Mas qual é qual? Aqui vai um truque: há um c em *estalactite*, que cresce de cima.

Estalactites e estalagmites são formações que crescem dentro de cavernas de calcário. Quando a água flui pelas cavernas, ela dissolve a calcita (uma parte do calcário) e a carrega por rachaduras no teto. A água escorre e deixa para trás pequenos pedaços de calcita. Ao longo de anos de gotejamento, a calcita se acumula no teto e uma estalactite se forma lentamente, parecendo um pingente de gelo rochoso.

À medida que a água escorre da estalactite para o chão da caverna, mais calcita se acumula no chão. Isso lentamente se transforma em uma estalagmite. É por isso que as duas formações geralmente são encontradas juntas. Às vezes, elas até crescem juntas para formar uma única coluna. Essas formações ocultas podem ser impressionantes em beleza — e eu tenho que me perguntar quantas delas passam despercebidas em cavernas desconhecidas.

Escondidas dentro da Terra, essas obras impressionantes da criação de Deus são construídas lentamente ao longo de muitos anos. De forma semelhante, Deus está criando uma obra ainda mais bela e impressionante dentro de você. Dia após dia, momento após momento, experiência após experiência, Deus está formando e moldando seu coração... para se parecer com o dele. É uma obra que leva tempo — todos os anos da sua vida, na verdade. Mas não se preocupe, Deus é paciente e prometeu que continuará trabalhando em você até que você seja aperfeiçoado no céu.

Obrigado por ser paciente comigo, Deus. E, quando eu errar, me ajude a lembrar que o Senhor ainda está trabalhando em mim.

Caverna dos Cristais

SURPREENDENTE

Descoberta por acidente, a Caverna dos Cristais fica escondida 304 metros abaixo da Mina de Naica, que está localizada no Deserto de Chihuahua, no México. É um lugar mágico — e mortal. As temperaturas dentro da Caverna dos Cristais podem chegar a 48 graus com 90% de umidade, então uma pessoa dentro dela pode morrer em 30 minutos se não estiver protegida com um traje especial. Dentro da caverna, que tem o tamanho de um campo de futebol, enormes torres de cristais de gesso branco e brilhante brotam como pingentes de gelo das paredes, do chão e do teto, fazendo com que pareça um palácio de gelo do mundo real.

VEJA O CAVALO-MARINHO

**Espero pelo Senhor com todo o meu ser
e na sua palavra ponho a minha esperança.
SALMO 130:5**

O cavalo-marinho (ou *Hippocampus*, se você quiser ser científico!) é um pequeno peixe que vive nos oceanos. Ele é chamado de cavalo-marinho porque sua cabeça parece a cabeça de — isso mesmo — um pequeno cavalo. Essa criatura incomum geralmente nada com outro cavalo-marinho, e eles unem suas caudas para ficar juntos.

Devido ao formato do seu corpo, o cavalo-marinho não é um bom nadador. Por isso, em vez de sair para caçar comida, os cavalos-marinhos usam suas caudas como âncoras, segurando um pedaço de erva marinha ou coral. Eles então esperam que a comida — plâncton e pequenos crustáceos — passe para que possam sugá-la com seus longos focinhos.

Com seu nado ruim e sua tendência a ficar em um mesmo lugar, o cavalo-marinho não venceria nenhuma corrida. Mas Deus lhe deu tudo de que ele precisa: uma maneira de obter comida, companhia e algo em que se agarrar. A Bíblia diz: "O meu Deus suprirá todas as necessidades de vocês, de acordo com as suas gloriosas riquezas em Cristo Jesus" (Filipenses 4:19). Como o cavalo-marinho, às vezes você pode ter que se segurar e esperar que Deus cumpra suas promessas — mas Ele sempre vai cumprir, e no momento perfeito.

Me ajude, Senhor, a esperar pelo seu tempo perfeito. E enquanto eu espero, me ensine a viver do jeito que você quer. Eu vou seguir você!

SURPREENDENTE

Cavalos-marinhos são um dos poucos animais em que o macho gera os filhotes para a fêmea. Uma fêmea de cavalo-marinho põe seus ovos — às vezes centenas deles — em uma bolsa na barriga do cavalo-marinho macho. A bolsa é muito parecida com a de um canguru. Os ovos ficam na bolsa até chocarem, cerca de 45 dias depois. Um bebê cavalo-marinho tem apenas o tamanho de uma jujuba e precisa começar a encontrar sua própria comida assim que nasce.

SUCO DE BESOURO

Aproximem-se de Deus, e ele se aproximará de vocês!
TIAGO 4:8

Betelgeuse — pronuncia-se *"beetle juice"* em inglês, e significa "suco de besouro", o que soa como um suco nojento de Halloween, não é? Bem, na verdade é uma estrela. Não qualquer estrelinha cintilante, mas uma estrela verdadeiramente espetacular que está a aproximadamente 640 anos-luz de distância da Terra. Lembre-se, um ano-luz é a distância que a luz viaja em um ano, que é a de

9.642 trilhões de quilômetros! Multiplique isso por 640 e... bem, digamos que a Betelgeuse está mais longe do que qualquer um pode sequer imaginar. E é tão grande, que 262 trilhões de Terras caberiam dentro dessa estrela enorme.

Mas Betelgeuse não é a maior estrela que conhecemos. Outra, a cerca de 3 mil anos-luz de distância, é chamada Mu Cephei. É uma estrela feroz. Mais de 2,7 *quatrilhões* de Terras caberiam dentro da Mu Cephei. E, a propósito, um quatrilhão é um 1 seguido de 15 zeros! Isso é que é uma estrela grande... Mas sabe o que é incrível? Estrelas ainda maiores existem no nosso universo, e sabemos que Deus fez bilhões de outras mais, só que ainda não as descobrimos.

Para fazer estrelas tão grandes e distantes, Deus deve ser maior do que qualquer coisa que você possa imaginar. Mas, diferentemente das estrelas que Ele fez e pendurou nos céus, Deus não está longe. Na verdade, *Ele está bem ao seu lado*! Ele está com você e está em todos os lugares ao mesmo tempo. Isso se chama ser *onipresente*. Essa é uma qualidade única que só Deus tem — uma qualidade que o torna *indescritível*.

Jesus fez esta promessa em Mateus 28:20: "E lembrem disto: eu estou com vocês todos os dias, até o fim dos tempos". Tudo o que você precisa fazer é invocar o nome dele e Ele se aproximará ainda mais — para amar você, ajudá-lo e cuidar da sua vida. Deus é indescritivelmente incrível desse jeito.

> *Deus, às vezes me sinto muito pequeno neste universo gigantesco que você criou. Mas eu amo saber que sou importante o bastante para você — e que está bem ao meu lado.*

SURPREENDENTE

Alguns números — como um quatrilhão — são tão grandes, que são difíceis de entender. Pense desta forma: 1 milhão de segundos equivale a 12 dias. Um bilhão de segundos equivale a cerca de 32 anos. Um trilhão de segundos equivale a mais de 31.700 anos. E 1 quatrilhão de segundos? Isso equivale a 31.709.792 anos!

UM MILAGRE? SIM, É VOCÊ!

Assim Deus criou os seres humanos; ele os criou parecidos com Deus. Ele os criou homem e mulher.
GÊNESIS 1:27

Sabia que você é um milagre? É verdade! Você é um milagre absurdo e incrível. Embora seja tão pequeno comparado à vastidão deste universo, você foi criado à imagem de Deus. Isso mesmo! O Deus que sopra estrelas ferozes e ardentes e as pendura no céu é o mesmo que o criou. Você foi feito de "forma assombrosa e admirável" (Salmo 139:14 NVI).

Você começou no ventre da sua mãe quando Deus criou um guia único e nunca antes visto de como Ele o construiria. Pense nisso como um projeto, que é o guia que os construtores usam para construir um novo edifício. Seu projeto é chamado de DNA (ácido desoxirribonucleico) e contém todas as informações sobre sua aparência e funcionamento — desde a cor dos seus olhos e cabelos até o formato das suas unhas dos pés. Seu DNA descreve exatamente como Deus queria que você fosse, e nunca houve e nunca haverá outro código de DNA (ou projeto) como esse. Em toda a história — e futuro — da raça humana, há apenas um *você*.

Cientistas descobriram que o código de DNA de Deus para você tem 3 bilhões de caracteres. (Um *caractere* é como uma única letra ou número.) E esse código de DNA é plantado dentro de cada célula do seu corpo, então todas as células funcionam e crescem de acordo com o mesmo plano-mestre.. Seu corpo tem 37,2 *trilhões de células* — e cada uma delas segue o grande projeto de Deus para fazer de você exatamente quem Ele planejou que você fosse antes mesmo de nascer! Seu cabelo, seus olhos e seu sorriso são como Deus os projetou para ser. Um milagre incrível e maravilhosamente projetado chamado... *você*.

Deus, quando eu começar a me sentir como se eu não fosse ninguém especial, me lembre de quem eu realmente sou: um milagre maravilhoso feito pelo Senhor!

SURPREENDENTE

Seu código de DNA é tão longo, que, se o DNA de apenas uma célula fosse esticado, teria quase 2 metros de comprimento! Se você esticasse todo o DNA em todas as 37,2 trilhões de células, ele chegaria até a Lua e voltaria. Não apenas uma, mas 150 mil vezes!

OS OLHOS TÊM ISSO

**Abre os meus olhos para que eu possa ver
as verdades maravilhosas da tua lei.**
SALMO 119:18

Dê uma olhada ao seu redor por um segundo. O que você vê? Luzes, cores, movimentos e coisas pequenas e enormes. Seus olhos são um presente incrível de Deus. E Ele começou a fazê-los quando você ainda estava no ventre da sua mãe. Quando você tinha cerca de cinco meses de desenvolvimento, 1 milhão de terminações nervosas *ópticas* (essa é uma palavra chique para algo que tem a ver com seu olho) se estenderam do seu cérebro para se encontrar e combinar com outro milhão de terminações nervosas ópticas que se estenderam do seu olho. Todos os 2 milhões combinaram perfeitamente! Você consegue imaginar combinar 2 milhões de fios diferentes e fazer todos eles exatamente certos? No entanto, foi exatamente isso que Deus fez ao formar seus olhos. Mesmo a máquina mais avançada tecnologicamente na Terra não é nada comparada à magnitude dos seus olhos.

Tudo isso aconteceu em cinco meses de crescimento, mas você ainda não conseguia ver nada. Por quê? Porque seus globos oculares estavam cobertos de pele. Mas, por volta do sexto mês, uma coisa milagrosa e misteriosa aconteceu: a pele se separou — dando a você pálpebras pela primeira vez. Tudo isso enquanto você ainda estava no ventre da sua mãe!

O Deus que criou todas as maravilhas deste mundo criou seus olhos para ver essas maravilhas, para que você pudesse louvá-lo. E o Deus que compartilhou suas palavras na Bíblia lhe deu olhos para lê-las, para que você pudesse obedecê-lo. Este mundo tentará lhe mostrar todos os tipos de coisas terríveis que não são de Deus e coisas pecaminosas que não o fazem sorrir. Desvie o olhar! Olhe para Deus e suas maravilhas.

Deus, obrigado pelo presente dos meus olhos. Abra-os para que eu veja todos os dons com os quais o Senhor me abençoou — e me ajude a agradecer por cada um deles!

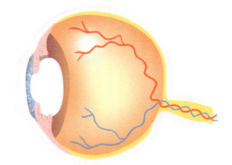

SURPREENDENTE

Os camaleões têm um dos olhos mais legais que existem nos arredores — e eu realmente quero dizer *arredores*. Um camaleão pode ver em um círculo total de 360 graus — ao redor de todo o seu corpo. Isso acontece porque ele não tem pálpebras como os humanos. Em vez disso, ele tem um cone em volta de cada olho com uma pequena abertura para a pupila. E cada olho pode se mover separadamente do outro, por isso ele pode olhar em duas direções diferentes ao mesmo tempo!

QUAL CAMINHO SEGUIR?

A tua palavra é lâmpada para guiar os meus passos, é luz que ilumina o meu caminho.
SALMO 119:105

Na primavera e no outono, você provavelmente já viu grandes bandos de pássaros voando no céu. O que esses caras estão fazendo? Todos os anos, certos animais se movem de um lugar para o outro em grandes grupos. Isso se chama *migração*.

Por que os animais migram? Geralmente é para encontrar comida, chegar a um clima mais quente ou a um lugar mais seguro para ter seus filhotes. O que os cientistas não entendem é como os animais sabem quando se mover e para onde ir. Talvez sejam

as mudanças no clima ou a duração dos dias que dizem aos animais quando é hora se mexer. E talvez eles usem as estrelas, o Sol ou até mesmo o padrão dos ven- para descobrir qual caminho seguir. cientistas dizem que os animais simples- mente nascem sabendo o que fazer — eles chamam isso de *instinto*. Mas é apenas uma maneira elegante de afirmar que Deus aos animais — a criação dele — o que fazer.

E Ele faz a mesma coisa por você... de uma maneira diferente. Quando você não sabe o que fazer, para onde ir ou como chegar lá, Deus lhe dá as respostas — você pode encontrá-las na palavra dele, a Bíblia. Algumas pessoas recorrem a amigos, familiares ou outras pessoas quando não sabem o que fazer. E tudo bem! Mas lembre-se de que essas pessoas não são perfeitas. Você precisa ter certeza de que também está falando com Deus. Só Ele é perfeito e só as respostas dele estão sempre certas.

Senhor, quando eu não souber o que fazer, me ensine a recorrer a você e à sua Palavra para encontrar as respostas que procuro. Eu sei que você sempre vai me mostrar o caminho certo. Obrigado por me guiar.

SURPREENDENTE

A andorinha-do-ártico detém o recorde de migração mais longa. Este pequeno pássaro viaja mais de 69 mil quilômetros todos os anos de seus ninhos no Ártico até sua casa de inverno na Antártida e depois volta. Ela basicamente voa de uma ponta da Terra à outra! Como uma andorinha-do-ártico pode viver por mais de 30 anos, ela pode viajar quilômetros suficientes em sua vida para ir à Lua e voltar — quase três vezes!

38

UM DEUS GIGANTE

Quem mediu a água do mar com as conchas das mãos ou mediu o céu com os dedos?
ISAÍAS 40:12

Você já foi ao oceano? A água se estende por quilômetros e quilômetros — até onde seus olhos podem ver. Quanta água existe lá? Bem, os cientistas fizeram as contas e acreditam que os oceanos da Terra contêm aproximadamente 1.332.000.000 quilômetros cúbicos de água. Eu sei… um quilômetro cúbico é meio confuso. Mas pense desta forma: um quilômetro tem aproximadamente o mesmo comprimento de 11 campos de futebol. Então imagine uma caixa com 11 campos de futebol de comprimento, 11 campos de futebol de largura e 11 campos de futebol de profundidade. Agora encha essa caixa com água — e isso é um quilômetro cúbico de água. Você precisaria de 1.332.000.000 dessas caixas para alcançar a quantidade de água nos nossos oceanos! São mais caixas (e mais água!) do que eu posso imaginar.

O que toda essa água tem a ver com Deus? Bem, a Bíblia diz que Ele pode medir os oceanos na palma da mão. Essa é a dimensão de sua grandeza. Tente pegar um pouco de água na sua mão. Quanto você consegue segurar? Metade de um copo? Um quarto de um copo? Deus pode segurar muito, muito mais do que isso. *Deus pode pegar toda a água de todos os oceanos da Terra inteira e segurá-la em apenas uma de suas mãos!*

Deus é um Deus gigante e, comparados a Ele, somos apenas pequenas partículas. Mas não somos partículas aos olhos dele. Cada pessoa na Terra é importante para Deus. Somos tão importantes, que Ele enviou seu próprio Filho, Jesus, à Terra para nos salvar dos nossos pecados — que são as coisas erradas que fazemos (leia João 3:16). Como Deus é tão grande, sabemos que seu amor por cada um de nós deve ser enorme!

Senhor, você é tão grande e eu sou tão pequeno, mas me ama tanto que sacrificou o seu próprio Filho para me salvar. Obrigado, Deus, pelo seu amor tão grande.

SURPREENDENTE

Juntos, os oceanos da Terra cobrem mais de 70% do planeta. O oceano Pacífico é o maior e cobre cerca de 30% da Terra. O oceano Atlântico é o segundo maior e cobre cerca de 20% da Terra.

PERIGO: VENENO!

Nenhuma palavra torpe saia da boca de vocês, mas apenas a que for útil para edificar os outros.
EFÉSIOS 4:29 (NVI)

Você já viu um desses sapos fofos? Eles vivem principalmente nas florestas tropicais da América Central e do Sul. Deus os fez em um arco-íris de cores brilhantes: amarelo, dourado, cobre, vermelho, azul, verde e preto — para citar algumas. Mas, se você vir um deles, cuidado! Eles não são apenas fofos; também são mortais. Essas cores brilhantes são, na verdade, um sinal de alerta para assustar possíveis predadores que procuram um lanche gostoso. Caçadores nativos na Colômbia usam o veneno poderoso desse sapo há séculos, esfregando-o na ponta dos seus dardos de zarabatana — e foi assim que esse carinha fofo ganhou seu nome não tão fofo: sapo-ponta-de-flecha. Apenas um dos sapos dourados — o tipo mais mortal — tem veneno suficiente em seu pequeno corpo para matar dez homens!

Com certeza esse sapo contém um veneno poderoso. É quase tão poderoso quanto o *seu* veneno. O quê? *Você* pode ser venenoso? É verdade. Você tem um músculo — na verdade, um grupo de músculos trabalhando juntos — que, quando usado da maneira errada, pode ser mais venenoso do que um exército inteiro de sapos-ponta-de-flecha. Esse músculo é a sua língua.

A palavra de Deus diz que a língua é "um mal incontrolável, cheio de veneno mortífero" (Tiago 3:8). Sua língua está cheia do poder de ferir e destruir — não apenas uma pessoa, mas muitas, se você não a mantiver sob controle. Mas a boa notícia é que sua língua tem o mesmo poder para construir e encorajar, se você pedir ajuda a Deus! Ele tirará o veneno de sua língua e ajudará você a usar sua língua e suas palavras para fazer coisas boas — como contar a outras pessoas o amor de Deus e cuidar delas. Afinal, as palavras de Deus criaram a vida, então suas palavras podem trazer a luz e o amor dele a este mundo também!

Senhor, me ensine a ter cuidado com o que digo e a nunca usar minhas palavras para ferir os outros. Em vez disso, me ajude a usar minhas palavras para contar aos outros sobre o seu amor.

SURPREENDENTE

Em alguns países, as pessoas podem pensar que você está sendo bobo se mostrar a língua para alguém — ou incrivelmente rude. Você pode dar uma boa risada — ou pode se meter em muitos problemas. Mas no Tibete, uma região da China, você simplesmente estaria dizendo "Olá!".

40
UMA SITUAÇÃO CABELUDA

"Por acaso não é verdade que cinco passarinhos são vendidos por algumas moedinhas? No entanto Deus não esquece nenhum deles. Até os fios dos cabelos de vocês estão todos contados. Não tenham medo, pois vocês valem mais do que muitos passarinhos!"
LUCAS 12:6–7

O cabelo está em todo lugar! Está na sua cabeça e na sua pele. Ele compõe suas sobrancelhas e cílios. Ele cresce até nas orelhas e no nariz! Na verdade, os únicos lugares onde o cabelo não cresce são a palma das mãos, a planta dos pés e os lábios. O cabelo não serve apenas para a aparência. Ele tem um propósito. O cabelo na sua cabeça ajuda a mantê-lo aquecido. Os cílios mantêm a poeira e a sujeira longe dos seus olhos, enquanto as sobrancelhas ajudam a manter o suor e a chuva longe — sem mencionar que auxiliam você a parecer chocado e surpreso! E os pelos do nariz e das orelhas ajudam a manter germes, pólen e outras coisas fora do seu corpo.

O cabelo cresce de um órgão especial sob a sua pele chamado *folículo*. Uma pessoa média tem 100 mil folículos na cabeça — e mais de 5 milhões no corpo inteiro. Isso é muito cabelo! E Deus conhece cada fio de cabelo em cada folículo! Você pode não ser capaz de contar todos, mas Ele pode. A Bíblia diz isso a você.

Quando está passando por um momento difícil, especialmente se for um momento *longo* e difícil, você pode começar a sentir que Deus se esqueceu de você. Mas isso não é verdade. Deus *nunca* poderia se esquecer de você. Jesus disse que Deus sabe o que acontece com cada passarinho no mundo dele. E Ele ama você muito mais do que qualquer pássaro! Quando os tempos difíceis chegam, Deus não se esquece de você e você não está sozinho. Deus está sempre contigo, mesmo que você não veja. Lembre-se, o Deus que conhece cada fio de cabelo da sua cabeça também sabe exatamente como cuidar de você.

Senhor, você sabe tudo o que acontece na minha vida — até mesmo quantos fios de cabelo eu tenho na cabeça! Por isso, sempre vou confiar que fará o que é melhor para mim.

SURPREENDENTE

O pelo é uma das principais características dos mamíferos (e as pessoas também são mamíferos). Na verdade, todos os mamíferos têm cabelo ou pelos. Até o rato-toupeira-pelado tem pelos minúsculos nas patas!

SIGA O LÍDER

"**Eu sou o bom pastor; conheço as minhas ovelhas, e elas me conhecem.**"
JOÃO 10:14

Você sabia que as pessoas são ovelhas? É o que a Bíblia diz... bem, mais ou menos isso. A Bíblia menciona diversas vezes que somos como ovelhas e Jesus é o Bom Pastor. Acontece que as ovelhas realmente precisam de um pastor, assim como nós realmente precisamos do nosso Pastor.

Por que as ovelhas precisam de um pastor? Vamos dar uma olhada em alguns fatos sobre esses companheiros peludos. Primeiro, há muitas ovelhas: mais de um bilhão no mundo. Um grupo de ovelhas é chamado de *rebanho*, *manada* ou *turba*.

As ovelhas se assustam facilmente (como nós às vezes), por isso elas gostam de ficar juntas. Isso as ajuda a se sentirem seguras e as protege de predadores, como lobos. As ovelhas também gostam de seguir a multidão, mesmo que não seja uma boa ideia. (Hmm... parece familiar?) Elas são conhecidas até por seguir a ovelha líder penhasco abaixo. Por isso as ovelhas precisam de um pastor para mantê-las na direção certa.

De que forma nós somos como ovelhas? Bem, não gostamos de ficar com a multidão? Não costumamos fazer o que todo mundo está fazendo, mesmo que não seja uma boa ideia? É por isso que precisamos do Bom Pastor para nos manter na direção certa.

Outro fato interessante sobre as ovelhas é que elas podem reconhecer rostos — até cinquenta rostos diferentes. Isso significa que as ovelhas conhecem seu pastor porque passam tempo com ele e confiam que ele cuidará delas. Nesse sentido, *devemos* ser como as ovelhas. Devemos passar tanto tempo com nosso pastor a ponto de conhecê-lo e confiar que ele cuidará de nós. Então, como pequenas ovelhas, devemos seguir nosso Líder.

Jesus, obrigado por sempre cuidar de mim. Quero te conhecer melhor a cada dia. Por favor, me dê coragem para seguir aonde quer que o Senhor me guie.

SURPREENDENTE

Jesus é o Bom Pastor em João 10, e as histórias de outros pastores estão por toda a Bíblia. Abel, filho de Adão e Eva, foi o primeiro pastor. José e seus irmãos eram pastores. Moisés era pastor antes de liderar os israelitas para fora do Egito. O rei Davi também era — antes de se tornar rei, é claro. E, quando Jesus nasceu, alguns de seus primeiros visitantes foram pastores.

EMPALMAR AS PLÊIADES

"Você pode amarrar as cadeias das Plêiades? Pode afrouxar as cordas do Órion? Pode fazer surgir no tempo certo as constelações?"

JÓ 38:31–32

O que você pode segurar na palma da sua mão? Você pode segurar uma bola de golfe, uma bola de tênis ou uma de beisebol? As mãos de alguns jogadores profissionais de basquete são tão grandes, que eles podem segurar uma bola de basquete! Eles chamam isso de *empalmar* a bola. Mas isso não é nada comparado a Deus. Ele pode *empalmar* as Plêiades.

Mas o que são as Plêiades? As Plêiades são um aglomerado de estrelas — um grupo de estrelas tão grandes e brilhantes que podem ser vistas de praticamente qualquer lugar da Terra sem binóculos ou telescópio. Elas estão a mais de 443 anos-luz de distância — isso dá 4.190 trilhões de quilômetros! E nosso Deus pode segurar as Plêiades inteiras na palma da mão. Na verdade, a Bíblia nos diz que Ele pode medir todo o universo apenas com sua mão (Isaías 40:12).

Você sabe o que mais Deus tem nas mãos? *Você.* Deus, que é poderoso o suficiente para segurar todo o universo, também segura você nas mãos. E Ele te ama tanto, que nada — nenhum problema, nenhuma preocupação, nenhum valentão, nenhum dia ruim — pode arrancar você das mãos dele (João 10:28). Ah, o diabo vai tentar. Ele vai jogar todo tipo de coisa nojenta em você, e ele vai tentá-lo a fazer coisas que você sabe que não deveria fazer. Mas Deus é maior e mais forte, e o diabo não é páreo para Ele. Por isso, agarre-se a Deus. Fale com Ele, ouça-o e leia sobre Ele na palavra. E, lembre-se, Deus também está segurando você — e Ele não vai soltar.

Senhor, se você pode segurar todo o universo na palma da mão, eu sei que posso confiar que vai me segurar também. Obrigado por me segurar nas suas mãos.

SURPREENDENTE

Os cientistas acham que há 3 mil estrelas no aglomerado de estrelas das Plêiades, mas, sem um telescópio realmente poderoso, podemos ver apenas cerca de 6 ou 7 entre as mais brilhantes delas. Antigamente, os marinheiros usavam essas estrelas brilhantes para ajudá-los a navegar pelos oceanos.

BONITO E INQUEBRÁVEL

De todos os lados somos pressionados, mas não desanimados.
2 CORÍNTIOS 4:8 (NVI)

Nada brilha como um diamante. Mas ele não é apenas bonito de ver; os diamantes também são a substância natural mais dura conhecida pelo homem. Na verdade, a palavra *diamante* vem de uma palavra grega que significa "inquebrável". Somente outro diamante pode fazer um arranhão em um diamante. Eles são tão resistentes, que às vezes são usados em ferramentas para cortar, triturar e perfurar. Os diamantes são raros e caros porque se formam apenas em condições muito especiais.

Um diamante é feito de carbono puro, como o grafite (aquele que está na ponta do seu lápis). Mas, para que um diamante se forme, pressões extremas e temperaturas incrivelmente altas são necessárias por um longo período. Isso geralmente acontece cerca de 160 quilômetros abaixo da crosta terrestre — por isso os vulcões são boas "fábricas" de diamantes. Quando os vulcões entram em erupção, os diamantes são "lançados" em direção à superfície da Terra.

Então... em um lugar muito escuro, sob muita pressão, estresse e calor... algo bonito e inquebrável se forma. Você já esteve em um lugar escuro? Sob muita pressão e estresse? Será que Deus estava usando esse tempo para fazer algo bonito e inquebrável? Quando você se sentir pressionado por todos os lados por problemas, não desista. Deus não deixará você ser esmagado. Ele usará esses momentos difíceis para torná-lo mais forte e ensiná-lo a depender dele. Confie nele, especialmente quando for difícil. Ele está fazendo algo bonito e inquebrável — sua fé nele.

Senhor, quando eu me sentir oprimido pelos meus problemas, me ajude a lembrar que você já tem uma resposta preparada. Por favor, me dê força enquanto aprendo a confiar em você para me transformar em algo bonito que reflita a sua glória.

SURPREENDENTE

Um *quilate* é usado para medir o peso de um diamante. Um quilate equivale a 200 miligramas — ou quase o mesmo que uma gota de chuva. O maior diamante já encontrado foi o Diamante Cullinan, no ano de 1905 em uma mina na África do Sul. Ele tinha 3.106 quilates — isso equivale a 621 gramas, ou quase o mesmo peso de um porquinho-da-índia! O diamante foi cortado em cerca de 100 pedaços, com o maior pedaço chamado de Grande Estrela da África. Ele tem 530 quilates e está incrustrado no Cetro Real da Grã-Bretanha.

PROVE E VEJA

Provem e vejam como o Senhor é bom.
SALMO 34:8

Sobre o paladar... sentimos o gosto com a língua, pelo menos na maior parte do tempo. Mas algumas das criações de Deus são muito mais... bem... *interessantes* do que isso. Por exemplo, uma borboleta sente o gosto com os pés, enquanto uma mosca sente o gosto com os lábios *e* os pés. As abelhas sentem o gosto com as partes bucais, as patas dianteiras e as antenas. Um polvo sente o gosto com as ventosas dos tentáculos — e algumas espécies de polvo têm até 1.800 ventosas! Mas a minhoca supera todas elas: seu corpo inteiro é coberto de papilas gustativas (se bem que, já que uma minhoca praticamente só se move pela terra, quem sabe quão bom seria esse gosto?).

No entanto, nós sentimos o gosto principalmente com a língua, embora nossos narizes também possam se envolver um pouco. Temos algo entre 3 mil e 10 mil papilas gustativas nas nossas línguas. As coisas das quais sentimos o gosto se enquadram em cinco categorias diferentes: doce, azedo, salgado, amargo e saboroso (outra palavra para saboroso é *umami*).

Todas essas papilas gustativas são uma parte importante do projeto de Deus para nós. Nosso paladar nos protege, nos ajudando a evitar comer coisas estragadas, venenosas ou simplesmente ruins para nós. Mas Deus também nos deu o paladar para que pudéssemos experimentar alimentos que também têm um gosto bom. Pense na sua comida favorita: você consegue imaginar quão deliciosa ela é? Deus enche nosso mundo com bênçãos e sinais de sua bondade e Ele quer que os apreciemos. Deus quer que abramos todos os nossos sentidos para experimentar as maravilhas da sua criação. Prove e veja — e toque, ouça e cheire — que Deus é bom e Ele cria coisas boas!

SURPREENDENTE

A língua da girafa tem mais de meio metro de comprimento, o que significa que ela pode lamber seu rosto inteiro! Gatos e cachorros usam suas línguas para limpar os pelos e remover pulgas ou outros parasitas. *Eca!* Camaleões, tamanduás e sapos usam suas línguas pegajosas para pegar seu almoço: insetos. *Eca em dobro!*

Senhor, abra meus olhos para ver a sua criação, meu nariz para cheirar as suas flores e meus ouvidos para ouvir as suas canções na natureza. Me ajude a tocar outras pessoas com o seu amor. Obrigado por todas as coisas boas que você me dá. Eu amo ser seu filho!

DERRUBANDO O BIG BANG

**Pois toda casa é edificada por alguém, mas
Deus é aquele que edificou tudo.**
HEBREUS 3:4 (NVI)

Isso pode parecer estranho, mas nem todo mundo acredita que Deus criou o universo. Algumas pessoas acreditam que ele simplesmente... aconteceu por si só. Elas pensam que todo o universo gigantesco começou como uma pequena massa quente de matéria com apenas alguns milímetros de tamanho. Essa pequena massa explodiu no que eles chamam de Big Bang — uma explosão tão grande e tão rápida, que criou o universo inteiro em uma fração de segundo.

Algumas pessoas também acreditam que a vida começou pela *evolução*. Elas afirmam que, quando o Big Bang criou a Terra, havia certas substâncias químicas na água. Essas substâncias — proteínas, aminoácidos e coisas assim — meio que se chacoalharam em uma espécie de sopa. Um raio atingiu a sopa exatamente no ponto certo e as primeiras células da vida de repente surgiram. Depois de muito tempo e muito mais evolução, essas células cresceram e mudaram até se tornarem plantas e árvores, filhotes, elefantes, águias, crocodilos, você e eu.

Eu acho que o Big Bang foi na verdade quando a luz saiu voando pelo universo depois que Deus disse: "Que haja luz!" (Gênesis 1:3). E, diferentemente da evolução lenta, é provável que a criação tenha sido bem barulhenta, com todos os rugidos e gorjeios depois que Deus criou pássaros, peixes e animais de todos os tipos (Gênesis 1:20–26). E, quando Deus disse que gostaria de algumas pessoas também, alguns louvores de Adão e Eva se somaram aos sons.

Todo tipo de criação — toda grande pintura, edifício e livro — tem um criador. A vida, a Terra e o universo não são diferentes. Não foi um grande acidente cósmico, e você também não foi. Você faz parte da criação do maior Criador de todos — Deus!

SURPREENDENTE

A evolução diz que tudo simplesmente se encaixou de modo perfeito para criar a vida. Tente este experimento: pegue um quebra-cabeça — não importa quantas peças — e jogue as peças no ar. Elas se juntaram? Não? Tente de novo... e de novo. Ainda não está dando certo? Se um quebra-cabeça simples não consegue se montar sozinho, como os 37,2 trilhões de células de uma pessoa podem se montar sem que alguém as coloque no lugar certo?

Senhor, a sua criação é tão incrível e tão cheia de detalhes! Sei que não foi apenas um acidente. Obrigado por me criar para fazer parte dela!

RESPIRE

[...] mas os que confiam no Senhor recebem sempre novas forças. Voam nas alturas como águias, correm e não perdem as forças, andam e não se cansam.
ISAÍAS 40:31

A respiração é algo que você faz todos os dias, o dia todo, acordado ou dormindo. Quando você inspira ar, que é cheio de oxigênio, ele viaja pelo seu nariz (ou sua boca, se seu nariz estiver entupido!) e vai para seus pulmões. Seus pulmões enviam o oxigênio do ar para todas as células do seu corpo para dar-lhes energia. Conforme suas células usam o oxigênio, elas produzem um gás residual chamado dióxido de carbono. É isso que você expira.

Seu cérebro realmente diz quão rápido respirar. Quando você se exercita, fica assustado ou fica animado, suas células precisam de mais energia — e, portanto, mais oxigênio. Então seu cérebro diz aos seus pulmões para respirar mais rápido. Mas, quando você está dormindo, não precisa de tanta energia, e seu cérebro diz aos seus pulmões para desacelerar.

No entanto, a respiração não é algo em que você realmente precisa pensar. Você não está feliz por Deus ter feito seu corpo assim? Mas às vezes fica difícil respirar. Você já enfrentou um problema tão grande, que parecia difícil respirar? Ou já ficou tão assustado ou se sentiu tão solitário, que simplesmente não conseguia recuperar o fôlego?

Quando ficar difícil respirar, pare tudo e vá até Deus. Ore e diga a Ele o que está sentindo. Em seguida, sente-se em silêncio com Ele. Ele o ajudará a recuperar o fôlego. E Ele lhe dará forças para mais uma respiração, e depois a próxima, e depois mais uma. Deus não vai te abandonar — nunca. E Ele o levará em segurança através de qualquer problema que esteja enfrentando. Isso não é apenas

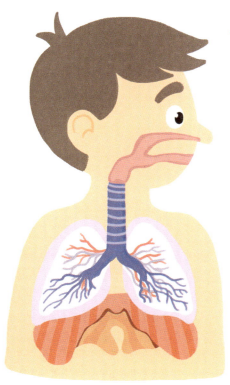

uma promessa — é a promessa de Deus para você. E Deus nunca volta atrás nas promessas dele!

Senhor, quando as coisas que estão acontecendo ao meu redor tornam difícil até respirar, sou tão grato por poder encontrar descanso no Senhor — e uma chance de respirar de novo.

SURPREENDENTE

Uma pessoa comum consegue prender a respiração por 30 segundos. Mas o recorde mundial do Guinness pertence a Aleix Segura Vendrell. Ele prendeu a respiração por 24 minutos e 3,45 segundos em Barcelona, Espanha, em fevereiro de 2016. Isso, sim, é que é poder pulmonar!

47

PERMANECENDO NO CHÃO

Pois toda a Escritura Sagrada é inspirada por Deus e é útil para ensinar a verdade, condenar o erro, corrigir as faltas e ensinar a maneira certa de viver.
2 TIMÓTEO 3:16

A gravidade é uma força que dá peso às coisas — e é o que mantém seus pés fixos no chão. A gravidade pode não parecer grande coisa, até você pensar na vida sem ela. É a gravidade da Terra que impede você de flutuar no espaço e é o que faz uma maçã cair de uma árvore — pergunte a Isaac Newton sobre isso! A gravidade também afeta o seu peso, porque o peso é uma medida de quanta gravidade atrai um objeto. Por exemplo, você pesaria um pouquinho menos no Equador do que no Polo Norte, porque a gravidade tem uma atração um pouco mais forte no Polo Norte. Mas a gravidade em outros planetas é *muito* diferente. A gravidade em Marte é bem menor. Por isso, se você pesasse 45 quilos na Terra, pesaria apenas 17 quilos lá. Mas a gravidade em Júpiter tem uma atração muito mais forte — então você pesaria 107 quilos lá!

Assim como Deus nos mantém fisicamente com os pés no chão com a gravidade, Ele mantém nossos corações e mentes com os pés no chão com a palavra dele. Ela está cheia de toda sabedoria, conhecimento, encorajamento e ensino de que precisamos. Leia a palavra dele todos os dias. A palavra de Deus nos ancora à verdade, nos eleva até Ele e nos dá um lugar imutável para fundamentar nossas vidas. É uma força mais poderosa do que a gravidade de qualquer planeta!

> *Querido Deus, me ensine os seus caminhos e me mostre como viver. Me guie com a verdade da sua Palavra e, por favor, me perdoe quando eu errar.*

SURPREENDENTE

Embora a gravidade exista desde que Deus criou o universo, Sir Isaac Newton a descobriu pela primeira vez há cerca de 300 anos. A lenda diz que Newton estava sentado debaixo de uma macieira quando uma maçã caiu na cabeça dele. Na realidade, ele provavelmente apenas viu a maçã cair — e percebeu que algum tipo de força invisível a fez cair. Ele chamou isso de *gravidade*.

NÃO FIQUE DE PÉ EM SATURNO

Estejam alertas, fiquem firmes na fé, sejam corajosos, sejam fortes.
I CORÍNTIOS 16:13

Saturno é frequentemente chamado de "Joia do Sistema Solar" por causa de seus lindos anéis. Mas esse planeta distante não é nada parecido com a Terra. É o segundo maior planeta do nosso sistema solar (Júpiter é o maior) e tem um pequeno núcleo rochoso coberto de gases. Você não conseguiria nem ficar de pé nesse planeta de anéis. Na verdade, como ele é feito principalmente de gases, se você colocasse Saturno na água — e precisaria de muita água — ele flutuaria.

Outro motivo pelo qual você não conseguiria ficar de pé em Saturno refere-se incrivelmente a ele ser um lugar com muita ventania. Os ventos ao redor do equador (o meio do planeta) podem atingir até 1.800 km/h. Para entender quão rápido isso é, os ventos mais rápidos da Terra chegam "apenas" a cerca de 400 km/h — e eles destroem *tudo* pelo caminho.

Às vezes, parece que você não consegue ficar de pé nem aqui na Terra. Os problemas vêm rugindo em você como ventos de 400 km/h — parecendo tão terrivelmente poderosos quanto um furacão ou tornado. Talvez um problema difícil esteja incomodando você, um amigo o traiu, um valentão está pegando no seu pé ou as pessoas estão pressionando-o a fazer coisas que sabe que são erradas. Ou talvez outra pessoa precise que você a defenda. Seja o que for, você se sente abatido e até um pouco assustado! Mas não desista! Você pode não ser capaz de ficar em pé em Saturno, mas pode enfrentar qualquer problema porque Deus está do seu lado. Ore muito e segure-se nele. Deus não apenas o protegerá, mas também o ajudará a continuar se levantando por Ele e pelo que é certo, até que a tempestade de problemas passe.

SURPREENDENTE

Os anéis brilhantes de Saturno parecem bem sólidos, mas não são. Eles são feitos de pedaços de poeira, rocha e cristais de gelo — alguns tão grandes quanto arranha-céus e outros não maiores que um grão de areia. O maior anel é tão largo, que poderia se estender por mais de 12 vezes na distância da Terra à Lua.

Senhor, às vezes parece que uma tempestade de vento está passando pela minha vida. Por favor, me dê a sua coragem e força para que eu possa me levantar firme e forte pelo Senhor.

QUEM ESTÁ AÍ?

Pois o Espírito que Deus nos deu não nos torna medrosos; pelo contrário, o Espírito nos enche de poder e de amor e nos torna prudentes.
2 TIMÓTEO 1:7

Você já achou que seus pais ou professores tinham olhos na parte de trás da cabeça? Como eles enxergam tanto? Nenhuma pessoa realmente tem olhos na parte de trás da cabeça, mas a borboleta-coruja tem! Bem, ela tem olhos na parte de trás das asas. Tecnicamente, não são olhos de verdade — são manchas que parecem *olhos*. Deus deu à borboleta-coruja uma maneira incrível de se manter segura. A parte de trás de suas asas parece os olhos de uma coruja. Por isso, quando um predador voa por perto procurando um lanche saboroso, ele vê aqueles "olhos" e pensa que a borboleta é na verdade uma coruja. E, como uma coruja pode transformar esse predador em um lanche delicioso, o predador rapidamente se afasta para procurar presas menos ameaçadoras. Deus deu à borboleta-coruja uma maneira única de afugentar seu medo — seu medo de ser comida, no caso.

Quando você decide seguir a Deus, Ele afugenta seus medos também. Na verdade, há algumas coisas das quais você *nunca* mais

SURPREENDENTE

Deus deu a outro tipo de borboleta uma maneira incrível de se esconder de possíveis predadores. As asas da borboleta-folha têm todo tipo de cores brilhantes quando estão abertas.

Mas, quando essas borboletas contraem suas asas, elas se parecem com folhas. Algumas parecem folhas verdes e novas, mas outras parecem folhas velhas, marrons e caídas, o que permite que elas se misturem perfeitamente aos seus hábitats naturais!

---

terá que ter medo. Coisas como estar sozinho — porque Deus nunca o deixará (Deuteronômio 31:6). Você também não precisa temer os erros, porque Ele sempre o ajudará e o perdoará quando você pedir (1João 1:9). E, o melhor de tudo, você nunca terá que se preocupar com Deus deixar de amá-lo (Salmo 100:5). Porque Ele não deixará. Nunca. Nem por um único nanossegundo, que é um bilionésimo de segundo, a propósito. Então, na próxima vez que estiver se sentindo um pouco assustado, lembre-se de quem você é — um filho de Deus — e deixe Deus afastar seus medos!

Senhor, às vezes fico assustado — pelas coisas que acontecem ao meu redor, pelas notícias ou apenas pelas minhas próprias preocupações. Quando isso acontecer, me lembre de que você sempre está comigo e sempre está do meu lado.

NÃO PODE SER CONTADO

Ó Deus, como é difícil entender os teus pensamentos! E eles são tantos! Se eu os contasse, seriam mais do que os grãos de areia.
SALMO 139:17-18

Gostamos de contar coisas. Contamos dinheiro. Contamos minutos. Contamos pontos — e um milhão de outras coisas. Mas algumas coisas simplesmente não podemos contar.

SURPREENDENTE

Qual é o maior número conhecido pelo homem? Os matemáticos acreditavam ser o *googol*, que representa o número 1 seguido por 100 zeros. Depois de um tempo, perceberam que esse número poderia ser ainda maior, como o *googolplex*, que é o número 1 seguido de um *googol* de zeros. É um número tão grande, que é impossível escrevê-lo por extenso. Mas sempre pode haver um número ainda maior: basta adicionar mais zeros.

Não podemos contar o número de estrelas no universo — nem sabemos quão grande o universo é! Na nossa própria Via Láctea, os cientistas acreditam que existam cerca de 400 bilhões de estrelas, mas não têm certeza. Por quê? Porque eles não conseguem contar todas elas!

Outra coisa que não pode ser contada são todos os grãos de areia na Terra. Pesquisadores estimam que haja 7,5 quintilhões de grãos de areia nas praias da Terra (são 7.500.000.000.000.000.000!). Claro, isso não inclui todas as outras areias da Terra — como a areia embaixo do oceano.

Mas a coisa mais maravilhosa e surpreendente que você não pode contar é o número de pensamentos que Deus tem sobre você. O Deus que criou todas essas coisas incontáveis — como estrelas e grãos de areia — passa muito tempo pensando em... você. Quando você se deita para dormir, quando acorda de manhã e a cada momento nesse intervalo, Deus pensa em você. Quão indescritivelmente incrível é isso?

Senhor, como é maravilhoso saber que você pensa em mim — e não só um pouco, mas tantas vezes que nem dá para contar. Eu oro, Deus, para que você encha a minha mente com incontáveis pensamentos sobre você.

ÁTOMOS, ELÉTRONS, QUARKS E COISAS DO TIPO

Todas as coisas foram feitas por intermédio dele; sem ele, nada do que existe teria sido feito.
JOÃO 1:3

Um átomo é o bloco de construção básico de toda a matéria, de todas as coisas. E é minúsculo — *muito minúsculo*. Na verdade, 125 milhões de átomos caberiam dentro de um ponto. (Como o do final dessa frase... bem, este próximo também.) Apenas uma célula do seu corpo contém cerca de 100 trilhões de átomos. Isso é *100.000.000.000.000*! E seu corpo contém aproximadamente

37,2 trilhões de células. Então, se você multiplicar 100 trilhões por 37,2 trilhões... digamos que tem um *monte* de átomos no seu corpo!

Mas as coisas ficam ainda menores, porque os átomos são feitos de coisas ainda menores, chamadas *prótons, nêutrons* e *elétrons*. E estas são feitas de coisas ainda menores, chamadas *quarks* e *léptons*. Algum dia provavelmente descobriremos que quarks e léptons são feitos de coisas menores ainda!

Todas essas pequenas partículas se juntam para fazer tudo o que você vê — de cada folha de grama à montanha mais alta até as estrelas distantes. Por que tudo isso importa? Porque Deus — que é Senhor e Criador de toda a imensidão do universo — também é Senhor e Criador das menores coisas. Não há nada muito grande ou muito pequeno para estar fora do controle de Deus.

Para você, isso significa que nada é muito grande ou muito pequeno para levar a Deus em oração. Nenhum problema é tão grande que Ele não possa lidar com ele. E nenhuma preocupação é tão pequena que Ele não queira ouvir sobre ela. Conte tudo a Ele — bom e ruim, grande e pequeno, feliz e triste — e então deixe que Ele assuma o controle.

Senhor, obrigado por sempre me ouvir — sobre as coisas grandes, as pequenas e todas as que estão no meio disso. Eu sei que sempre posso falar com você e que você sempre vai me responder. Obrigado por cuidar de todos os detalhes — os grandes e os pequenininhos!

SURPREENDENTE

Os *elementos* se formam quando um monte dos mesmos tipos de átomos se juntam. Há muito tempo, as pessoas acreditavam que havia apenas 4 elementos — ar, água, fogo e terra. Agora sabemos que existem mais de 100 elementos, incluindo metais como ouro e prata e gases como hidrogênio e oxigênio. Além disso, 6 elementos diferentes compõem 99% do seu corpo: carbono, hidrogênio, nitrogênio, oxigênio, fósforo e cálcio.

NÃO É APENAS UM FLOCO DE NEVE NA MULTIDÃO

Tu és o Deus que me vê.
GÊNESIS 16:13 (NVI)

Flocos de neve — tão lindos, tão frágeis e... tão gelados! Um floco de neve é uma coisa minúscula e delicada, que facilmente derrete com o toque do seu dedo.

SURPREENDENTE

Mas junte um monte deles e eles podem cobrir o mundo com um branco cintilante — ou desabar por uma montanha em uma avalanche que destrói tudo pelo caminho!

Um floco de neve se forma no alto das nuvens quando uma pequena gota de água congela em um cristal de gelo. Os vapores de água na nuvem se prendem ao cristal congelado e esticam o floco de neve em formas incrivelmente complexas e criativas. Embora o formato básico de um floco de neve seja quase sempre um hexágono (um formato com seis lados), cada um é uma criação única em si. Apesar de ser difícil dizer quando eles estão todos misturados em uma grande pilha — ou juntos em um boneco de neve —, não há dois flocos de neve exatamente iguais. Deus os criou para serem únicos. Uau!

Ninguém mais é como você no planeta — nem agora nem nunca. Basta verificar suas impressões digitais; mesmo gêmeos idênticos não têm impressões iguais. E isso não é tudo o que é único sobre você. Os cientistas agora podem usar a retina dos seus olhos, o formato das suas orelhas e até mesmo a impressão da sua língua para identificá-lo, porque a língua de mais ninguém é como a sua!

Você já se sentiu como se fosse apenas mais uma pessoa na multidão? Que não há nada de especial em você? Se já pensou isso... você está errado. As pessoas têm certas coisas em comum — assim como a maioria dos flocos de neve são hexágonos. Mas outras coisas sobre você são apenas... *você*. Deus o criou de forma única. Você nunca é apenas mais um floco de neve (pessoa) na multidão. Deus o vê. Ele vê quando você está assustado e quando está sozinho. Ele vê suas necessidades e vê suas esperanças e sonhos. Deus o vê, o ama e o entende. Você sempre é alguém especial para Deus.

Senhor, quando eu me sentir como se não fosse ninguém especial, me lembre que eu sou sempre especial para você. O Senhor me conhece por dentro e por fora, e me criou com um propósito único e especial

BRILHE

"Assim também a luz de vocês deve brilhar para que os outros vejam as coisas boas que vocês fazem e louvem o Pai de vocês, que está no céu."
MATEUS 5:16

Nada é mais a cara do verão do que ver pirilampos piscando em uma noite quente! Você pode conhecê-los por outro nome: vaga-lumes. Sabia que essas criaturas piscantes são na verdade besouros — e que existem mais de 2 mil espécies

diferentes delas? Elas geralmente brilham nas cores amarela, verde ou laranja. E cada uma dessas 2 mil espécies tem seu próprio padrão de piscadas — isso ajuda os membros da mesma espécie a se reconhecerem.

Os vaga-lumes são apenas uma das muitas criaturas que são *biolumi-nescentes* — uma palavra gigantesca que significa simplesmente que eles produzem sua própria luz. É uma reação química dentro do vaga-lume que produz a luz. É assim que as coisas são... Mas por quê? Por que os vaga-lumes brilham? Bem, os vaga-lumes macho brilham e fazem isso para chamar a atenção das vaga-lumes fêmeas — que são atraídas por essa luz toda.

Algo sobre as coisas que iluminam a escuridão faz você querer olhar mais de perto. É por isso que Jesus diz para você deixar *sua* luz brilhar. Claro, sua luz não brilha por causa de uma reação química — ela vem do Espírito Santo de Deus dentro de você. Quando você faz coisas por amor — coisas difíceis como ser gentil com um inimigo ou perdoar alguém que o machucou —, as pessoas veem a luz de Jesus brilhando em você. Essa luz brilha como um vaga-lume brilha no escuro e as pessoas não conseguem deixar de se aproximar para conferir, o que significa que você pode falar a elas sobre Deus. Então vá lá e brilhe sua luz!

SURPREENDENTE

A luz de um vaga-lume é a luz mais eficiente em termos de energia do mundo. Quase 100% da energia da sua reação química se torna luz. Compare isso a uma lâmpada incandescente antiga, que libera apenas 10% de sua energia como luz e 90% como calor.

Senhor, me encha tanto com o seu amor que ele brilhe através de mim. Me ensine a iluminar este mundo com tudo o que eu digo e faço.

PERFEITAMENTE PLANEJADO E CRIADO

Contudo, Senhor, tu és o nosso Pai. Nós somos o barro; tu és o oleiro. Todos nós somos obra das tuas mãos.
ISAÍAS 64:8 (NVI)

Existem alguns animais bem interessantes — realmente estranhos — na criação de Deus. Um deles é o camelo. Com suas sobrancelhas grossas e espessas, cílios longos, corcova nas costas e pés grandes e flácidos, o camelo não é exatamente a criatura mais fofa do mundo. Mas tudo no camelo foi perfeitamente planejado e criado por Deus para ajudá-lo a viver no deserto.

Aquela corcova grande? A maioria das pessoas acha que armazena água, mas na verdade ela armazena gordura. A corcova grande de gordura permite que o camelo fique até uma semana sem beber água durante o verão, e ele pode ficar ainda mais tempo sem comer. Sabe como? O camelo pode queimar a gordura na corcova para obter energia e água. E quanto àquelas sobrancelhas espessas e cílios longos? Eles mantêm a areia do deserto longe. Os camelos podem até fechar as narinas para manter a areia longe. E aqueles pés grandes e flácidos? Eles são perfeitos para viajar longas distâncias sobre o instável solo arenoso.

Sim, os camelos foram perfeitamente planejados e criados para viver no deserto. Assim como os peixes foram perfeitamente criados para viver na água, os pássaros foram perfeitamente criados para voar e os macacos foram perfeitamente criados para balançar entre as árvores. E você foi perfeitamente criado para ser... você. Assim como um oleiro molda o barro no vaso que deseja fazer, Deus o criou com um plano e para um propósito — amá-lo e amar os outros. E Ele lhe deu talentos e habilidades especiais para que você pudesse viver o propósito dele para a sua vida — de uma forma única, que ninguém mais pode fazer. Deus é o Criador perfeito e Ele o criou de acordo com seu plano perfeito!

SURPREENDENTE

Os filhotes de camelo nascem sem nenhuma corcova. Camelos com uma corcova são chamados de camelos-árabes (ou dromedários). Eles vivem no Oriente Médio. Camelos com duas corcovas são chamados de camelos asiáticos (ou bactrianos). Eles vivem apenas na China e na Mongólia.

Senhor, eu sei que sou sua criação e que você me desenhou exatamente do jeito que queria que eu fosse. Por favor, me mostre os talentos que me deu e me ajude a usá-los de uma forma que faça o Senhor sorrir e que ajude os outros a verem você.

NASCE UMA ESTRELA

Tu criaste o íntimo do meu ser e me teceste no ventre da minha mãe. Eu te louvo porque me fizeste de modo assombroso e admirável. As tuas obras são maravilhosas! Sei disso muito bem.
SALMO 139:13-14 (NVI)

A Galáxia do Redemoinho é chamada de galáxia de grande projeto e é composta por centenas de bilhões de estrelas, possivelmente até 500 bilhões! É um lugar incrivelmente lindo no universo e também muito especial. A Galáxia do Redemoinho é um lugar onde as estrelas nascem — uma espécie de maternidade para estrelas. É que, no começo, Deus criou as primeiras estrelas em um instante, quando Ele disse: "Que haja luz!". A partir de então, as estrelas se formam quando nuvens gigantes de poeira espacial e gases se unem cada vez mais até que... nasce uma estrela. À medida que cada estrela nasce, Deus a nomeia e cuidadosamente a coloca exatamente onde Ele quer que ela esteja no universo (Salmo 147:4). Uau!

SURPREENDENTE

Os cientistas dizem que uma estrela nasce a cada 0,0002 segundo. Algumas dessas estrelas são menores, mas algumas são tão grandes quanto o Sol ou até maiores.

A maneira como Deus faz as estrelas é incrível, mas o que é ainda mais incrível é a maneira como Ele fez você. Ele te uniu, uma pequena célula de cada vez, da maneira certa. Cada parte de você é exatamente do jeito que Ele quer que seja. Deus não prestou atenção apenas ao exterior. Ele também criou cuidadosamente talentos, dons e habilidades e os colocou dentro de você — coisas que ninguém mais pode fazer da mesma forma que você.

Você é o *maior* projeto de Deus — feito de forma maravilhosa pelo próprio Mestre Criador! Por isso, se alguma vez se pegar pensando que não é especial, que não tem nenhum talento ou que algo em você simplesmente não é bom o suficiente, lembre-se de *quem* o criou e agradeça a Ele por seu grande e incrível projeto. Deus criou você e Ele não comete erros.

Deus, obrigado por me fazer exatamente como eu sou. Me ajude a usar os talentos e habilidades que me deu para contar a todos como o Senhor é maravilhoso.

56
TUDO EM FAMÍLIA

Sejam bondosos e compassivos uns para com os outros, perdoando-se mutuamente, como Deus os perdoou em Cristo.
EFÉSIOS 4:32 (NVI)

"Ele me bateu!" "Ela pegou minhas coisas!" "Eu peguei primeiro!" Você tem irmãos ou irmãs? Se tiver, eles já disseram algo assim? Você já? É o que as pessoas chamam de *rivalidade entre irmãos* e é uma maneira elegante de descrever o fato de alguém não se dar bem com seus irmãos e irmãs. Mas as pessoas não são as únicas com esse problema — irmãos e irmãs animais também passam por isso.

Pense nos pobres ratos-toupeiras-pelados — eles podem ter centenas de irmãos, todos da mesma mãe! E os ratos-toupeiras-pelados mais velhos não têm vergonha de forçar os mais novos a sair do caminho nos seus sistemas de túneis subterrâneos. E tem também a garça-vaqueira, que leva a rivalidade entre irmãos a um nível mortal. Quando um filhote fica mais forte que o outro, ele realmente mata seu irmão e o joga para fora do ninho enquanto os pais estão caçando comida. *Que horror!*

Felizmente, a maioria dos irmãos animais se dá muito melhor do que isso. Por exemplo, os "filhos" elefantes mais velhos cuidam dos mais novos. Filhotes de lontra passam quase todo o tempo juntos e até se dão as mãos na água para não se separarem! E as irmãs leoas ficam juntas para o resto da vida em um grupo chamado "alcateia".

A questão é a seguinte: quando você vive com alguém o tempo todo — como um irmão ou irmã — é fácil irritar um ao outro (pode ser que *você* irrite o outro!). E em seguida vocês estão discutindo, criando um alvoroço e brigando. Peça a Deus para ajudá-lo a amar sua família, a ser gentil, a ser paciente e a perdoar um ao outro quando cometerem erros. Afinal, é isso que Deus faz por você!

Senhor, você sabe que às vezes é difícil para mim me dar bem com a minha família, especialmente com meus irmãos e irmãs. Me ajude a ser gentil — especialmente quando eu não estiver com muita vontade de ser.

SURPREENDENTE

O musaranho-anão-de-dentes-vermelhos é tão pequeno, que uma ninhada inteira de bebês pode caber dentro de uma colher de chá. Mas esses carinhas realmente ficam juntos. Quando precisam se mudar porque o perigo está próximo, eles viajam em uma espécie de "caravana de musaranhos". A mãe lidera o caminho, com as crianças seguindo atrás, cada uma segurando o rabo do irmão da frente com os dentes.

RONCO, RECLAMAÇÃO, ROSNADO

Façam tudo sem murmurações nem discussões.
FILIPENSES 2:14 (NVI)

Parece que sempre acontece nos piores momentos possíveis — no meio de uma prova ou de uma oração. Sempre que tudo está parado e quieto, ele vem: o temido e alto ronco no estômago. O que isso significa? E por que acontece?

O ronco no estômago começa — adivinhe — no seu estômago. Em seguida, ele se move para o seu intestino delgado e o resto do seu sistema digestivo.

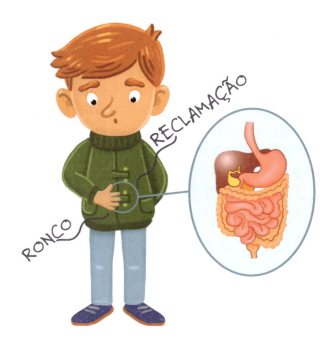

Quando você come, seu corpo contrai os músculos para empurrar a comida através do seu sistema digestivo. Adicione a isso alguns líquidos e alguns sucos digestivos, e tudo se transforma em uma bagunça pegajosa chamada quimo. O ronco acontece quando o ar e os gases são adicionados ao quimo. Quando esses gases são espremidos pelos músculos do seu estômago, o resultado é *ronco, reclamação e rosnado*. Esses roncos podem acontecer em qualquer momento, mas, quando não há muita comida lá, o ronco pode ficar realmente alto. Pense nisso como a maneira de o seu corpo lembrá-lo de comer.

Outra parte do seu corpo também pode resmungar, e essa parte é a sua boca. Quando você tem dever de casa ou tarefas para fazer, ou quando lhe pedem para fazer algo que você simplesmente não quer fazer, você às vezes resmunga? Às vezes discute ou reclama? Com certeza, Deus espera que você não faça isso. Se perceber que seus lábios estão fazendo barulhos que não deveriam, pare. Você provavelmente terá que fazer essa tarefa de qualquer jeito, então pode muito bem tentar sorrir. Quando precisar fazer algo que não quer fazer, lembre-se de todas as coisas incríveis que Deus faz por você todos os dias e diga a Ele "obrigado" em vez de reclamar. Vai descobrir que louvá-lo fará você se sentir muito melhor do que resmungar para si mesmo. E você vai fazer Deus sorrir também.

> *Deus, sei que às vezes eu discuto e reclamo. Me ajude a perceber quando estiver resmungando e murmurado — e a escolher te adorar ao invés disso.*

SURPREENDENTE

Você sabia que existe um nome para aqueles ruídos estrondosos que sua barriga faz? É *borborigmo*. Essa palavra é um exemplo de *onomatopeia*, que é uma palavra que soa como o que significa. Tente dizer *borborigmo*. Não soa como um ronco na barriga? Outros exemplos de onomatopeias são *atchim, au au, tique-taque, miau* e *zum-zum*.

O PLANEJADOR

"Só eu conheço os planos que tenho para vocês: prosperidade e não desgraça e um futuro cheio de esperança. Sou eu, o Senhor, quem está falando."

JEREMIAS 29:11

Por séculos, cientistas e astrônomos têm tentado descobrir os segredos do universo — como ele começou, como funciona e nosso lugar nele. Os cientistas construíram o Telescópio Espacial Hubble para desvendar alguns desses segredos. Lançado em 1990, foi o primeiro grande telescópio a ser colocado no espaço. Viajando muito acima das nuvens e da atmosfera da Terra, ele tem uma visão clara do universo. E fotografou os planetas do nosso sistema solar, bem como estrelas e galáxias distantes. As fotografias do Hubble mudaram a forma como vemos o universo e nosso lugar nele e nos ajudaram a reconhecer que nosso universo não foi um acidente.

SURPREENDENTE

O Telescópio Espacial Hubble é tão poderoso, que pode ver estrelas, planetas e galáxias tão distantes, que seria como se você fosse capaz de ver um vaga-lume no Japão enquanto estivesse sentado na sua casa.

Deus não é caos, acidentes ou bagunças. Nosso Deus é um planejador. Ele projetou tudo no universo para funcionar perfeitamente. O Sol está na distância certa da Terra. A gravidade da Lua é perfeita para as marés do nosso oceano. A Terra se inclina com exatidão para manter nosso clima equilibrado. Tudo no universo funciona em conjunto porque foi assim que Deus planejou.

E sabe o que mais Deus planejou? A sua vida. Todos os dias da sua vida foram planejados e escritos no livro de Deus — antes mesmo de você nascer (Salmo 139:16). E os planos de Deus para você são bons. Sim, ainda haverá dias ruins, mas Deus tem um plano até para os tempos difíceis. Ele os usará para torná-lo mais parecido com Ele. Deus é o planejador supremo — e tem planos incríveis para você!

Senhor, este universo que planejou e criou é indescritivelmente incrível. Mas o que eu mais amo é saber que você me ama tanto — a mim, tão pequeno — que tem planos bons e perfeitos para mim.

AMIGOS INCOMUNS

"O Senhor não vê como o homem: o homem vê a aparência, mas o Senhor vê o coração."
I SAMUEL 16:7 (NVI)

Você gostaria da dar um passeio com um tubarão? Eu não, mas obrigado por perguntar. No entanto, existe um peixe que realmente passeia com o tubarão — o tempo *todo*. Esse peixe é o rêmora. Sua cabeça é como uma grande ventosa plana. Ele se fixa no tubarão, segurando-se para o passeio onde quer que o tubarão vá. Quando o tubarão come uma refeição, a rêmora se solta e mastiga as sobras. *Delicioso*. Às vezes, ela limpa o corpo do tubarão — incluindo a *boca* do tubarão — para se livrar de quaisquer parasitas ou alimentos presos nos dentes dele. Então, a rêmora se fixa de volta para o próximo passeio. O tubarão é limpo e a rêmora é alimentada. É uma vitória em dobro para essa dupla de amigos improváveis.

Quem imaginaria que um tubarão e um peixe poderiam ser amigos? Isso só prova que você não pode mesmo julgar um livro pela capa — ou um amigo pela aparência externa. Você provavelmente notou que o mundo gosta de julgar as pessoas levando em conta cor da pele, roupas, cabelos, de onde elas são, quanto dinheiro têm ou como falam. Mas Deus diz que essas coisas não importam — não para Ele. E elas não deveriam importar para você também. Em vez disso, você deve olhar para o coração da pessoa. Ela é gentil? É prestativa? Essa pessoa ama a Deus? Isso é o que realmente importa. E, quando você começa a olhar para o interior de uma pessoa, em vez do exterior, pode encontrar uma improvável — mas maravilhosa — amizade (no entanto, eu ainda ficaria longe de tubarões!).

Senhor, me ajude a não julgar as pessoas com base na aparência externa. Em vez disso, me ajude a olhar para o coração — assim como o Senhor faz.

SURPREENDENTE

A lagarta e a formiga são outra dupla de amigas improváveis. As lagartas produzem um tipo de açúcar na pele para as formigas comerem. Por sua vez, as formigas protegem as lagartas de predadores, como vespas e percevejos assassinos. As formigas ganham comida e as lagartas ganham proteção — um ganho mútuo para esses insetos amigos.

CRIANÇAS GRANDES NÃO CHORAM

Jesus chorou.
JOÃO 11:35 (NVI)

Choro. Começa no momento em que você nasce — literalmente. E continua acontecendo, não importa quantos anos você tenha. Pode acontecer quando você está triste ou assustado, quando está feliz — ou mesmo quando está do lado de fora

SURPREENDENTE

em um dia com muito vento ou dentro de casa cortando uma cebola. E por que todas essas lágrimas?

Você sabia que existem três tipos diferentes de lágrimas? Lágrimas *basais* são aquelas que você tem o tempo todo. Elas mantêm seus olhos úmidos e enxergando claramente. Depois, temos as lágrimas *reflexas*. Elas acontecem em dias de muito vento e quando você está cortando cebola. Mas o terceiro é aquela lágrima na qual você geralmente pensa — lágrimas *psicogênicas*. Essas são as lágrimas que você chora quando está triste, com medo ou muito feliz.

Você já se perguntou o que Deus faz quando você está sofrendo, enquanto as lágrimas correm pelo seu rosto? Bem,

Por que parece que seu nariz sempre fica escorrendo e fungando quando você está chorando? Bem, é porque as lágrimas — pelo menos as que não escorrem pelo seu rosto — na verdade são drenadas para sua cavidade nasal através de pequenos furos nos cantos internos das suas pálpebras. Uma vez lá, ou você engole as lágrimas ou elas escorrem pelo seu nariz. E você pensou que apenas seus olhos choravam!

a Bíblia diz exatamente o que Ele faz. Deus vê suas lágrimas, mantém uma lista delas e as guarda com segurança (Salmo 56:8). Isso é prova do quanto Ele se importa com você.

Deus não para ao simplesmente *ver* suas lágrimas. Ele chora junto com você. Jesus mostrou isso quando seu amigo Lázaro morreu. As irmãs de Lázaro, Maria e Marta, estavam chorando, e a Bíblia diz que Jesus também chorou. Jesus sabia que estava prestes a ressuscitar Lázaro dos mortos e que essa história teria um final feliz. Então por que Ele chorou? Porque seus amigos estavam sofrendo. E, como Jesus é seu amigo, Ele sofre e chora com você quando você está sofrendo — mesmo sabendo exatamente o que fará para dar à sua história um final glorioso.

Senhor, obrigado por sempre estar ao meu lado, especialmente quando estou sofrendo. Me conforta saber que você sente a minha dor — e que trabalha para fazer as coisas darem certo.

TODO BAGUNÇADO

Parem de lutar e fiquem sabendo que eu sou Deus.
SALMO 46:10

O tornado, ou "ciclone", é um dos tipos de tempestade mais fascinantes — e aterrorizantes. Esses tubos de ar que giram violentamente se estendem das nuvens até o chão. A maioria dos tornados tem velocidades de vento de menos de 160 km/h, mas alguns podem atingir mais de 480 km/h!

Você já viu um tornado? Eles começam quase transparentes, como o ar de que são feitos. Mas, à medida que giram, eles pegam pedaços de poeira, lama e

destroços, que lhes dão suas cores escuras e assustadoras. Um tornado pode tocar o chão por apenas alguns segundos e viajar algumas centenas de metros, ou pode durar mais de uma hora e viajar por quilômetros. Quanto mais rápido for o vento e quanto mais tempo permanecer no chão, mais danos um tornado pode causar. Tornados fracos derrubam apenas um ou dois galhos de árvore, mas os fortes podem arrancar completamente uma casa de sua fundação e lançar carros pelo ar como mísseis.

Às vezes, os problemas podem ser como tornados. Um dos pequenos pode arruinar um dia, mas um dos grandes pode deixar você se sentindo todo bagunçado por dentro por um tempão. O que fazer quando tudo está girando fora de controle? *Pare.* Isso mesmo. Simplesmente pare. "Parem de lutar", diz o Senhor, "e fiquem sabendo que eu sou Deus." Lembre-se de que Deus é maior do que qualquer problema e Ele nunca deixará você enfrentar uma tempestade sozinho. Ele tem o poder de parar até mesmo o tornado mais forte.

SURPREENDENTE

Os tornados atingem os Estados Unidos mais do que qualquer outro país do mundo — são mais de 1.200 a cada ano. A maioria ocorre na região conhecida como *Tornado Alley* ("Corredor dos Tornados"), que fica no Centro-Oeste do país. O Texas tem o maior número de tornados por ano. São cerca de 155, enquanto o Kansas tem cerca de 96, a Flórida tem cerca de 66 e Oklahoma tem cerca de 62.

Senhor, quando os problemas deste mundo girarem ao meu redor como os ventos de um tornado, por favor, me ajude a lembrar que você é maior e mais forte. Eu confio no Senhor para me manter seguro durante as tempestades da vida.

QUANDO VOCÊ FOI ECLIPSADO

Alegrem-se com os que se alegram e chorem com os que choram.
ROMANOS 12:15

Seu melhor amigo entrou para o time, mas você, não. Sua irmã tirou nota A, mas você, não. Você deveria fazer beicinho, ficar de mau humor ou simplesmente não falar mais com eles? Ou talvez *você* tenha entrado para o time, mas agora seu amigo está chateado. E talvez você tenha tirado nota A, enquanto sua irmã não foi tão bem. O que fazer?

Quando uma pessoa parece ofuscar a outra, é como algo que acontece com o nosso Sol e a Lua: o chamado *eclipse*.

Um eclipse ocorre quando um planeta ou uma lua passa entre dois objetos astronômicos, como outro planeta, a Lua ou o Sol. Quando a Lua se alinha entre o Sol e a Terra, a Lua bloqueia a luz do Sol. Isso é chamado de *eclipse solar*. Quando a Terra fica entre o Sol e a Lua, ela bloqueia a luz do Sol para a Lua. Isso é chamado de *eclipse lunar*. Um eclipse lunar pode durar algumas horas, enquanto um eclipse solar dura apenas alguns minutos.

Então, às vezes é a vez do Sol de brilhar e, às vezes, é a vez de a Lua refletir a luz do Sol. Acontece a mesma coisa com as pessoas. Às vezes, é a sua vez de brilhar — de ser o vencedor, entrar no time ou passar na prova. E, às vezes, é a sua vez de ser "eclipsado", enquanto outra pessoa brilha. O que você faz? Deus diz: "Alegrem-se com os que se alegram e chorem com os que choram". Se seu amigo está comemorando, comemore também — mesmo que as coisas não tenham sido tão boas para você. E, se seu amigo estiver triste, não é hora de se gabar. Seja humilde e ofereça conforto e encorajamento — porque é isso que bons amigos fazem.

Senhor, é difícil quando as coisas não acontecem do jeito que eu quero. Me ajude a ficar feliz pelos meus amigos quando eles têm sucesso e a ser humilde quando for a minha vez de vencer.

Eclipse Solar

Eclipse Lunar

SURPREENDENTE

Há muito tempo, as pessoas pensavam que a Terra era plana e que você poderia realmente velejar até a borda! Mas os eclipses lunares ajudaram a descobrir que a Terra é redonda. Durante um eclipse lunar, a sombra da Terra pode ser vista na face da Lua. Quando as pessoas viram que a sombra era redonda, deduziram que a Terra também deveria ser!

OLHA! VAI EXPLODIR!

A pessoa que se mantém calma é sábia, mas a que facilmente perde a calma mostra que não tem juízo.
PROVÉRBIOS 14:29

Imagine uma explosão tão poderosa, que atira rocha derretida e cinzas a centenas de metros de altura no ar, desencadeando enormes incêndios, tsunamis e tempestades elétricas. Parece algo saído de um filme de ficção científica, não é? Mas não é ficção; é ciência! No caso, a ciência de um vulcão em erupção.

Cerca de 1.500 vulcões ativos estão na Terra, e cerca de 20 deles estão ativamente em erupção neste exato segundo! Então, como os vulcões entram em erupção? Bem, lembre-se de que a camada mais externa da Terra é chamada de "crosta". E a crosta terrestre não é completamente sólida. Ela é composta de peças de quebra-cabeça gigantes chamadas *placas tectônicas*. Debaixo dessas placas (cerca de 28 quilômetros ou mais abaixo da superfície da Terra) há uma camada de rocha líquida quente chamada *magma*, junto com um monte de gases explosivos. À medida que as placas tectônicas "flutuam" sobre o magma, elas deslizam umas nas outras. Ao mesmo tempo, a pressão aumenta no magma e nos gases até que... *kabum!* Essa mistura quente e derretida explode através de rachaduras na crosta terrestre. O magma, que é chamado de *lava* quando passa pela superfície da Terra, é expelido a temperaturas de mais de mil graus Celsius, destruindo e queimando tudo o que toca.

A imagem de um vulcão em erupção lembra você de alguma coisa ou *de alguém?* Palavras como *esquentado* e *explosivo* não descrevem apenas vulcões, também podem descrever seu temperamento. Claro, todo mundo fica bravo — até Jesus ficou. Mas a forma como você lida com sua raiva faz toda a diferença. Se você perceber que está começando a "vomitar" palavras raivosas ou "explodir" com quem estiver pelo caminho, respire fundo e saia de perto. Afaste-se e converse com Deus. Diga a Ele o que está acontecendo e peça para lhe mostrar como lidar com sua raiva da maneira correta. Você não quer que as pessoas digam "Cuidado! Ele (ou ela) vai explodir!" sobre você.

SURPREENDENTE

O maior vulcão acima do solo do mundo, com mais de 4 mil metros de altura, é o Mauna Loa, no Havaí. Mas há um vulcão ainda maior — em Marte! Isso mesmo. O vulcão mais alto do nosso sistema solar é o Olympus Mons, em Marte. Esse vulcão tem 20 mil metros de altura e 600 metros de largura.

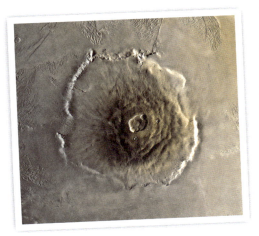

Senhor, quando eu ficar com raiva, me ajude a não "vomitar" palavras tolas e raivosas que só pioram as coisas. Em vez disso, me dê sabedoria para tornar as coisas melhores.

TÃO GRANDE!

Mas essas coisas são apenas uma amostra, um eco bem fraco do que Deus é capaz de fazer. Quem pode compreender a verdadeira grandeza do seu poder?
JÓ 26:14

Algumas estrelas são enormes — quero dizer, enorme a ponto de dar um nó na sua mente! Há uma estrela que os cientistas chamam de VY Canis Majoris, que tem 2,7 bilhões de quilômetros de largura. Se a Terra fosse do tamanho de uma bola de golfe, a VY Canis Majoris teria a altura do monte Everest, que tem 8.849 metros de altura.

As estrelas também são poderosas. O sistema estelar Eta Carinae é um dos mais brilhantes da nossa galáxia. É 90 vezes maior que o nosso Sol e 5 milhões de vezes mais brilhante! E mesmo assim ele não é o mais brilhante. Estrelas moribundas podem brilhar ainda mais. Em um ponto durante sua morte, a Supernova 1987A brilhou tão intensamente quanto 100 milhões dos nossos Sóis.

E nosso Deus fez todas essas estrelas — e zilhões a mais. Isso é quão grande, imenso e poderoso nosso Deus é. Então não há nada na sua vida com o que Ele não possa lidar. Tem um valentão incomodando? Peça ajuda a Deus. Está com problemas para ser gentil com seu irmão ou irmã? Peça ajuda a Deus. Algo mais está incomodando? Você já sabe — peça ajuda a Deus. Aquele que fez as estrelas estará lá com você.

Às vezes, Deus fará o problema simplesmente desaparecer. Ele pode enviar alguém para te ajudar. Ou Ele vai te lembrar da palavra dele. Mas Deus sempre caminhará com você através dos problemas, dando a força e o poder dele para fazer a coisa certa, mesmo quando for difícil. Não há problema grande ou pequeno demais para Deus. É como diz a música: *Nosso Deus é tão grande, tão forte e tão poderoso! Não há nada que nosso Deus não possa fazer!* (*Our God is so big*, tradução nossa.)

Deus, eu sei que não há nada que não possa fazer, então eu confio no Senhor para me ajudar a enfrentar tudo o que aparecer hoje.

SURPREENDENTE

Até agora, o recorde de maior estrela do universo vai para UY Scuti. É uma supergigante vermelha brilhante localizada a 9.500 anos-luz de distância. Os cientistas acreditam que ela é 1.700 vezes maior que o nosso Sol. Mas eles continuam descobrindo novas estrelas o tempo todo, então só Deus sabe se UY Scuti é realmente a maior estrela do universo.

ROCHA COM DINOSSAURO

"Eu lhes dou este novo mandamento: amem uns aos outros. Assim como eu os amei, amem também uns aos outros. Se tiverem amor uns pelos outros, todos saberão que vocês são meus discípulos."
JOÃO 13:34–35

Nem todas as rochas são apenas rochas. Algumas são, na verdade, fósseis — rochas com marcas de animais ou plantas antigas deixadas nelas. Quando um animal morre, seu corpo rapidamente se decompõe e, na maioria das vezes, desaparece. Mas, se um animal morre em uma área aquática, seu corpo pode afundar

na lama ou ser rapidamente coberto com solo lamacento. Quando isso acontece, as partes moles do corpo do animal — como sua pele ou órgãos internos — se decompõem, mas as partes duras — como dentes e ossos — são preservadas. Ao longo de bastante tempo, rochas sedimentares se formam ao redor desses restos de animais, dando origem a fósseis (rochas *sedimentares* se moldam quando pequenos pedaços de rochas, conchas ou ossos se cimentam). Plantas, pegadas de animais, tocas e até mesmo cocô podem se tornar fósseis!

Cientistas chamados *paleontólogos* estudam fósseis e conseguem aprender muito sobre plantas e animais antigos estudando o que eles deixaram para trás nas rochas. Sem fósseis, nem saberíamos que os dinossauros existiram!

Sabia que você também deixa fósseis — ou pelo menos impressões — para trás por onde quer que vá? Ok, não são realmente rochas. Em vez disso, você deixa impressões no coração das pessoas pelo que você faz e fala, e pela maneira como você as faz sentir. Jesus disse que você seria capaz de contar quais pessoas pertencem a Ele pelo amor e gentileza que elas demonstram com os outros. Você faz as pessoas se sentirem bem quando estão perto de você? Ou elas fogem como se você fosse um tiranossauro-rex? Assim como os cientistas aprendem sobre os dinossauros pelas impressões fósseis que eles deixam para trás, as pessoas aprendem sobre Jesus pelas impressões que seu povo deixa para trás. Certifique-se de que seus "fósseis" sejam aqueles dos quais a Rocha — que é Jesus — se orgulharia!

SURPREENDENTE

Imagine um animal do tamanho de um esquilo com uma cauda grande, macia e espessa. Agora imagine-o com olhos grandes e um focinho ainda mais longo — e presas! É exatamente isso que os cientistas acham que encontraram em alguns fósseis coletados na Argentina, e estão chamando essa criatura extinta de esquilo-dente-de-sabre.

Senhor, me ensine a amar os outros assim como você me amou. Que as "impressões fósseis" que eu deixar sejam marcas que façam as pessoas quererem conhecer mais sobre o Senhor.

ESTAMOS TODOS JUNTOS NESSA

> Ora, como o corpo é somente um, mas tem muitos membros, todos os membros do corpo, embora sejam muitos, são um só corpo. Assim também é Cristo [...] De fato, Deus dispôs cada um dos membros no corpo segundo a vontade dele.
> I CORÍNTIOS 12:12,18 (NVI)

Seu corpo é composto de trilhões de células, que são os blocos de construção básicos de toda a vida. Lembre-se: os cientistas acham que seu corpo tem algo em torno de 37,2 trilhões de células! E cada célula tem uma função. Algumas trabalham para construir pele e ossos, outras produzem energia, há as que transportam oxigênio, outras fazem seu pensamento, algumas sentem o que está acontecendo ao seu redor, outras atacam germes, e a lista continua. Então, basicamente, o seu corpo todo é como uma empresa elétrica, um centro de transporte, uma rede de comunicações, um hospital e campo de batalha, tudo reunido em um. Foi assim que Deus criou seu corpo, com todas essas células trabalhando juntas para fazer coisas incríveis!

E eis a questão: suas células precisam trabalhar *juntas* ou seu corpo não funcionará. Imagine se uma célula cardíaca dissesse: "Não sinto mais vontade de bombear". Ou uma célula nervosa dissesse: "Simplesmente não estou com vontade hoje". Deus criou suas células para trabalharem *juntas*.

Foi assim também que Deus criou seu corpo de seguidores: para trabalharem juntos. Assim como uma célula, cada pessoa tem uma função. Alguns cristãos ensinam e pregam, outros lideram o canto, alguns são artistas ou escritores, há os que são ótimos em matemática e outros alimentam os pobres, ajudam os doentes

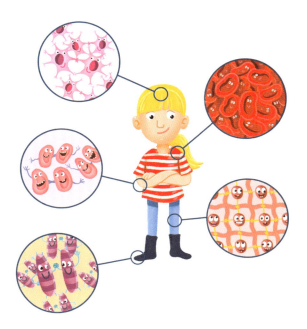

e tiram o lixo do prédio da igreja. É fácil pensar que alguns trabalhos são melhores ou até mesmo "mais piedosos" do que outros. Mas isso não é verdade! *Todo* trabalho é importante. E todos nós, "células", temos que trabalhar juntos para que o "corpo" de Cristo possa fazer o que precisa fazer — ser seus ajudantes na Terra.

> **Querido Deus, entendo que sou uma "célula" no corpo do seu Reino. Me mostre qual trabalho o Senhor quer que eu faça — e me ajude a fazê-lo da melhor maneira possível!**

SURPREENDENTE

Seu corpo na verdade tem mais células bacterianas do que células humanas. *Que nojo!* Mas as células bacterianas são tão pequenas, que, se você coletasse todas as bactérias do seu corpo, elas encheriam apenas meia caixa de leite. As bactérias ajudam seu corpo a digerir alimentos e a combater doenças. Então, no final das contas, toda essa "nojeira" é realmente muito boa para você.

 67

É UMA JOIA!

Temos, porém, esse tesouro em vasos de barro, para mostrar que o poder que a tudo excede provém de Deus, não de nós.
2 CORÍNTIOS 4:7

Brilha, brilha, pequeno... *planeta*? Isso mesmo. Cientistas descobriram um planeta — 55 Cancri E — que supostamente é coberto de diamantes e grafite (ao contrário da superfície da Terra, que é coberta de água e granito). Na verdade, cientistas estimam que pelo menos um terço da massa desse planeta pode ser feito de diamantes. Isso é o suficiente para muitos anéis de diamante!

Descoberto em 2004, 55 Cancri E está a 40 anos-luz de distância da Terra — isso é 40 multiplicado por 9,46 trilhões de quilômetros! O planeta diamante orbita a uma velocidade super-rápida em torno de seu próprio sol. Seu ano, ou uma órbita completa em torno de seu sol, dura apenas 18 horas, enquanto o da Terra dura 365 dias.

Especialistas estimam que os diamantes do planeta valem US$ 26,9 nonilhões — isso é 269 seguido por 29 zeros! São mais dólares do que você jamais terá! Mas, antes de sair correndo para fazer uma pequena caça ao tesouro no 55 Cancri E, você talvez queira saber que esse planeta não só está mais longe do que você conseguiria viajar, mas também é um pouco quente... com temperaturas de 2.426 graus Celsius.

SURPREENDENTE

Cientistas descobriram vários planetas incríveis — e, bem, bastante estranhos — flutuando no espaço. Um dos mais estranhos é o planeta "Blue Marble" (também conhecido pelo nome entediante de HD 189733b). Ele está a 63 anos-luz de distância e suas temperaturas sobem para 926 graus Celsius. Mas o que é estranho é que sua cor azul vem de uma atmosfera que faz chover vidro derretido — literalmente — em ventos de mais de 6.437 km/h!

Mas você está com sorte, porque existe um tesouro ainda maior — e que está muito mais perto de casa. É o tesouro do Espírito Santo de Deus. Na verdade, quando você se tornou um seguidor de Cristo, esse tesouro veio viver bem dentro de você. Ele é seu Auxiliador, seu Consolador e seu Guia. Ele "[ensina] tudo a você" e ajuda "você a se lembrar de todas as coisas" que Jesus falou na palavra (João 14:26). Ele é o Espírito de Deus *vivendo* dentro de você! E esse é um tesouro que vale mais do que um planeta inteiro cheio de diamantes.

Senhor, obrigado pelo tesouro do Espírito Santo que escondeu dentro de mim. Me ajude a ouvir a voz dele, para que eu possa aprender mais sobre como viver para o Senhor.

O ESCUDO DO CORPO

Ele o cobrirá com as suas asas, e debaixo delas você estará seguro. A fidelidade de Deus o protegerá como um escudo.
SALMO 91:4

Há muito mais na sua pele do que ela aparenta existir. Antes de mais nada, sua pele é na verdade um órgão — assim como seu coração, pulmões e rins. Na verdade, é o maior órgão do seu corpo todo. Uma pessoa de tamanho médio tem 6 metros quadrados de pele! Isso é mais ou menos o tamanho de um pequeno cobertor. A pele existe em cores diferentes — todas criadas por Deus usando um pigmento chamado *melanina*. Pense na melanina como um artista pensaria em tinta. Quanto mais melanina você tem, mais colorida é sua pele. Quanto menos você tem, menos colorida é sua pele.

A pele não cobre apenas seus ossos e músculos, ela também sente o ambiente ao seu redor e ajuda a controlar a temperatura do seu corpo. Sua pele transpira para refrescar você quando fica com calor, e fecha seus poros para manter o calor (pense em arrepios!) quando você está com frio. Mas uma das funções mais importantes da sua pele é proteger o resto do seu corpo de lesões e doenças. É como um escudo.

E, enquanto sua pele é o escudo para o seu corpo, Deus é o escudo para o seu coração, mente, espírito *e* corpo. É fácil ter medo e ansiedade sobre as coisas ruins que podem acontecer no mundo. Mas a Bíblia está cheia de promessas de Deus para cuidar de você e protegê-lo, como esta promessa que Deus fez no Salmo 18:30 (NVI): "[...] a palavra do Senhor é genuína. Ele é escudo para todos os que nele se refugiam". E esta: "[...] ele é a nossa ajuda e o nosso escudo" (Salmo 33:20). E: "O Senhor é a minha força e o meu escudo; com todo o coração eu confio nele.

O Senhor me ajuda" (Salmo 28:7). A lista poderia continuar. Então, quando você estiver com medo ou se sentindo ameaçado, corra para Deus e Ele será seu escudo!

Deus, o Senhor é minha rocha, minha proteção, meu Salvador e meu escudo. Quando os tempos ficam difíceis, sou muito grato por me guardar e me manter seguro.

SURPREENDENTE

Aqui estão alguns fatos estranhos sobre a pele: por baixo de todo o seu pelo, a pele de um urso-polar é preta. A pele de um rinoceronte pode ter quase 5 centímetros de espessura. E os sapos? A pele deles é realmente única. Em vez de beber água pela boca, eles a absorvem pela pele!

143

ROCHA SÓLIDA

"Quem ouve esses meus ensinamentos e vive de acordo com eles é como um homem sábio que construiu a sua casa na rocha. Caiu a chuva, vieram as enchentes, e o vento soprou com força contra aquela casa. Porém ela não caiu porque havia sido construída na rocha."
MATEUS 7:24–25

Da próxima vez que estiver ao ar livre, observe bem de perto as rochas ao seu redor. Você já se perguntou do que elas são realmente feitas? Bem, isso depende de que *tipo* de rocha elas são.

As rochas se formam de três maneiras diferentes, e cada uma delas tem um nome específico. A primeira refere-se às rochas *ígneas*. Elas se formam quando o magma (lembre-se: é a lava subterrânea) esfria e se torna sólido. Granito e pedra-pomes são rochas ígneas. Rochas *sedimentares*, como calcário e arenito, são o segundo tipo de rocha. Elas se formam quando pedaços de outras rochas, conchas ou ossos se juntam e endurecem, geralmente no fundo de lagos e oceanos. Finalmente, existem rochas *metamórficas*. Essas rochas se formam quando outros tipos de rocha são colocados sob pressão extrema em temperaturas muito altas por longos períodos de tempo, fazendo com que elas mudem ou se *metamorfizem*. Elas incluem mármore (que vem do calcário) e quartzito (que vem do arenito).

Durante séculos, as pessoas usaram rochas para tudo, de armas a ferramentas e joias. Mas um dos seus usos mais comuns é na construção. Por quê? Porque são pesadas e sólidas. Não podem ser derrubadas por qualquer chuva ou vento. Você pode contar com as rochas!

Você sabia que Deus às vezes é chamado de Rocha (Salmo 18:2)? Nenhuma rocha na Terra pode sequer se comparar com a força dele, mas elas ajudam a entender o quanto você pode contar com Ele para protegê-lo e salvá-lo. O amor dele por você é sólido — não muda, não importa o que mais neste mundo o faça. E, quando você constrói sua vida nele, Ele não deixará nenhuma tempestade derrubá-lo.

Querido Deus, o Senhor é a minha rocha. O senhor me protege, me sustenta e é a base sólida da minha vida. Obrigado, Deus.

SURPREENDENTE

Algumas rochas são de outro mundo. É sério! Elas vêm do espaço sideral. Quando um meteoro atinge a atmosfera da Terra, a maior parte dele queima. Mas o que resta — a parte que atinge a Terra — é chamado de *meteorito*. O maior já encontrado foi em 1920. É chamado de Meteorito Hoba. Ele tem 2 metros de comprimento e 2 metros de largura, pesando 66 toneladas.

ISSO É INCRÍVEL!

Porque para Deus nada é impossível.
LUCAS 1:37

O corpo humano pode ser treinado para fazer coisas incríveis — e aparentemente impossíveis! Por exemplo, o atleta olímpico Usain Bolt correu os 100 metros em apenas 9,58 segundos e é considerado o homem mais rápido do mundo. Florence Griffith-Joyner — a mulher mais rápida do mundo — correu os mesmos 100 metros em apenas 10,49 segundos. Compare essa velocidade com a de uma chita, que pode correr 100 metros em 5,95 segundos. Isso se uma chita quisesse competir em uma corrida, é claro.

Outras pessoas treinaram para nadar tão rápido quanto peixes. O nadador olímpico Michael Phelps pode nadar 100 metros em apenas 51 segundos!

Sim, os humanos podem treinar seus corpos para fazer coisas incríveis. Mas é quando você combina o corpo humano com o poder de Deus que as coisas ficam realmente impressionantes. Às vezes, Deus dá a seus seguidores uma força incrível — como Sansão, que matou um leão e depois derrubou um templo, ambos com as próprias mãos. Outras vezes, Deus dá a seu povo a coragem de fazer coisas grandiosas — como quando Ester arriscou sua vida para ir diante do rei Xerxes a fim de salvar seu povo. Ou quando Davi enfrentou Golias, já que ninguém mais o faria. Ou quando Gideão enfrentou um exército inteiro com apenas 300 homens. E, às vezes, Deus dá a seu povo as palavras que Ele quer que eles digam — assim como fez para Moisés, Pedro e Paulo.

Mas Deus não dá uma força milagrosa apenas para as pessoas na Bíblia. Ele dá a mesma ajuda sobrenatural a você também. Deus lhe dá a força para resistir à tentação. Ele lhe dá a coragem de fazer o que é certo quando todos os outros estão fazendo coisas erradas. E Ele lhe dá as palavras para compartilhar suas boas novas. Porque, com Deus, coisas incríveis — até mesmo impossíveis — acontecem o tempo todo!

> *Querido Deus, o Senhor me criou de uma forma incrível e maravilhosa. Por favor, use meu corpo, mente e espírito para contar aos outros sobre o Senhor.*

SURPREENDENTE

O pássaro mais rápido do mundo é o falcão-peregrino, que pode atingir uma velocidade de até 320 km/h em um mergulho. O animal marinho mais rápido é o peixe-vela, com uma velocidade de até 109 km/h. Já o animal terrestre mais rápido que conhecemos foi uma chita chamada Sarah, no Zoológico de Cincinnati, com uma velocidade recorde de 98 km/h.

O TAMANHO CERTO

Sol e lua, louvem o Senhor! Todas as estrelas brilhantes, louvem a Deus! Que os mais altos céus o louvem e também as águas que estão acima do céu!
SALMO 148:3-4

Então, quão grande é o universo? Bem, na verdade... não temos ideia.

O Sol — nossa estrela mais próxima — está a 149 milhões de quilômetros de distância da Terra. Nossa galáxia, a Via Láctea, é tão grande, que, se você pulasse na nave espacial mais rápida já feita, levaria 100 mil anos-luz para atravessá-la. E nossa galáxia vizinha mais próxima, a Galáxia Anã do Cão Maior? Está a 25 mil

anos-luz de distância (lembre-se, um ano-luz é a distância que a luz pode viajar em um ano, que é 9,46 trilhões de quilômetros. Então, se você multiplicar isso por 25 mil, bem, digamos que é um número incrível!).

Com o Telescópio Espacial Hubble — um telescópio poderoso que orbita a Terra e tira fotos muito além do que podemos ver com os próprios olhos — conseguimos ver algumas coisas incríveis, como galáxias a até 12 bilhões de anos-luz de distância. E isso é só o que sabemos até agora. É o chamado "Universo Conhecido". Os cientistas acreditam que há muito mais para descobrir. É como se Deus estivesse dizendo: *Construa um telescópio maior e eu lhe mostrarei coisas realmente incríveis. Tenho coisas aqui que vão te deixar de queixo caído!*

Mas todas essas descobertas deixaram alguns cientistas perplexos. Eles se perguntam: *Como um universo tão grande pode ser só para nós?* E sabe de uma coisa? Eles estão certos... este universo é grande demais só para nós. Mas e se Deus não tivesse feito o universo apenas para ser nosso lar? E se Deus tivesse feito o universo para mostrar o esplendor, a majestade, a grandeza e a glória de quem Ele é e quão grande Ele é? Então o universo não é tão grande assim. Ele é exatamente do tamanho certo... é do tamanho de Deus.

SURPREENDENTE

Em 1924, Edwin Hubble foi o primeiro a provar que outras galáxias existem muito além da Via Láctea. (O Telescópio Espacial Hubble recebeu seu nome em homenagem a ele!) Desde então, o Telescópio Espacial Hubble descobriu bilhões de galáxias — e os cientistas acreditam que existam outras bilhões que ainda não encontramos.

Deus, o Senhor é tão grande e tão poderoso! Obrigado por criar um universo tão imenso que me faz lembrar do seu poder. O Senhor é exatamente do tamanho certo para mim.

O PODER DO CÉREBRO

Ame o Senhor, seu Deus, com todo o coração, com toda a alma, com todas as forças e com toda a mente.
LUCAS 10:27

Seu cérebro é muito mais do que apenas uma massa de 1,2 quilo de gelatina enrugada e cinza-rosada. Seu cérebro é mais rápido do que o computador mais rápido. Ele controla seu corpo inteiro — da sua respiração ao batimento cardíaco e ao seu sono — e tudo o mais. Ele diz o que você está vendo, cheirando, saboreando, ouvindo e tocando. Seu cérebro não apenas faz seu pensamento, mas também armazena suas memórias e imagina seus sonhos. Ele diz quando rir, quando chorar e o que fazer quando estiver com raiva. Os cientistas nem mesmo descobriram o que seu cérebro faz e eles definitivamente não entendem *como* ele faz tudo isso.

No entanto, Deus entende. Ele criou seu cérebro — junto com o resto do seu corpo — e Ele diz que é "feito de modo assombroso e admirável" (Salmo 139:14 NVI). Mas Deus não criou seu cérebro apenas para ficar na sua cabeça como um bloco. Ele quer que você o use para a glória dele. Isso significa usar seu poder cerebral para pensar em novas maneiras de ajudar os outros, servir a Deus e contar às pessoas sobre Ele. Significa encher sua mente com a palavra dele lendo e memorizando as Escrituras. Deus fez apenas um cérebro como o seu e Ele o deu a você!

Quando se deparar com um problema tão grande que o deixa preocupado, use seu cérebro para se lembrar de quem Deus é e do que Ele prometeu a você — nunca o deixar, amá-lo para sempre e protegê-lo. Então, quando o problema for resolvido, use seu cérebro para louvar a Deus. Seu cérebro é um presente de Deus — certifique-se de usá-lo!

Querido Deus, encha a minha mente com pensamentos sobre as suas maravilhas. E me ajuda a usar minha inteligência para pensar em novas maneiras de servir ao Senhor.

SURPREENDENTE

A baleia cachalote tem o maior cérebro de todos os animais, pesando 7 quilos e podendo crescer até 12 metros cúbicos de tamanho. Compare isso com o cérebro humano, que pesa apenas cerca de 1,2 quilo. Mas todo esse tamanho não torna a baleia mais inteligente. A inteligência vem de como o cérebro funciona e de quão grande ele é comparado ao resto do corpo. E é aí que os humanos têm "cabeças de vantagem" sobre os outros seres vivos!

NEBULOSAMENTE CONFORTÁVEL

*Ó Deus, examina-me e conhece o meu coração!
Prova-me e conhece os meus pensamentos.*
SALMO 139:23

Neblina… Ela é essencial para qualquer filme assustador ou conto fantasmagórico ao redor da fogueira. Ela se esgueira baixa, úmida e fria, adicionando uma camada fina de mistério a tudo que cobre. Talvez você a tenha visto bloqueando

SURPREENDENTE

Não chove muito no deserto do Atacama, ao longo da costa do Chile. Mas há muita névoa. Os moradores de lá descobriram uma maneira de capturar a água na névoa usando redes, para que possam fazer água potável. Uma solução inteligente para o problema da sede!

sua visão lá fora, especialmente se estiver acordado de manhã cedo. Então, o que é neblina?

Na verdade, a neblina é uma nuvem voando baixo em direção ao chão — uma *nuvem stratus*, para ser exato, composta de uma coleção de pequenas gotas de água ou cristais de gelo. Essas gotas são tão pequenas e tão leves, que flutuam no ar.

A neblina geralmente dura pouco tempo. Assim que o Sol nasce, o calor de seus raios dissipa a neblina (pense nisso como se estivesse derretendo!) e deixa tudo claro novamente.

Isso também é o que acontece com o Filho (Jesus). Às vezes este mundo lhe conta mentiras — e é fácil acreditar nelas. Mentiras como: "Você nunca será bom para nada" ou "Ninguém se importa com você". Ou mentiras como: "Você não consegue fazer nada certo" ou "Você não vale nada". Esses tipos de pensamento podem "enevoar" o seu cérebro para que você não consiga ver a verdade. Quando seus pensamentos ficam presos em um torpor nebuloso, é hora de mergulhar no Filho. Fale com Jesus. Leia sobre o quanto ele o ama e quão maravilhosamente ele o criou. A palavra dele é sempre verdadeira e sempre traz luz. E a luz do Filho sempre queimará a "névoa" das mentiras deste mundo.

Senhor, é tão fácil ficar preso em uma névoa de mentiras... Às vezes não consigo ver ou pensar claramente por causa delas. Por favor, dissipe a névoa e me mostre a verdade das suas promessas.

QUEM ESTÁ CAÇANDO QUEM?

Estejam alertas e fiquem vigiando porque o inimigo de vocês, o Diabo, anda por aí como um leão que ruge, procurando alguém para devorar.
I PEDRO 5:8

Predadores são animais que caçam e comem outros animais. Por outro lado, os animais que são caçados e comidos são chamados de *presas*. Quando você pensa em predadores, provavelmente pensa em leões rugindo ou ursos-pardos rosnando; mas sabia que joaninhas também são predadoras? Isso mesmo: elas comem outros insetos. E aquele passarinho fofo no seu comedouro de pássaros? Ele não come apenas sementes. Ele também caça minhocas e outros insetos.

Assim como os predadores vêm em todas as formas e tamanhos, eles também têm métodos de caça diferentes. Alguns predadores, como os falcões, perseguem suas presas. Outros, como os lobos, vão atrás de suas presas se aproximando silenciosamente. Alguns predadores, como os jacarés, emboscam suas presas, o que significa que eles se escondem e esperam até que a presa se aproxime o suficiente para ser capturada. Para sobreviver, é importante que os animais que são presas estejam sempre alertas.

É essencial que você também fique alerta: um predador está caçando você e o nome dele é Satanás. A Bíblia diz que ele anda por aí como um leão rugindo para perseguir você! Satanás usa os mesmos métodos de caça que os predadores animais. Ele tentará persegui-lo e prendê-lo com problemas. Ele o perseguirá com a tentação, esperando que você erre e peque. Ele tentará emboscá-lo — esperando que você baixe a guarda por não ficar perto de Deus. Cuidado com as armadilhas e fique perto de Deus, falando com Ele, louvando-o e estudando sua palavra todos os dias. Não seja uma presa fácil! Deus é mais poderoso que Satanás e Ele sempre é capaz de protegê-lo de qualquer um desses esquemas.

Querido Deus, eu oro para que abra os meus olhos para ver as armadilhas do inimigo. E eu peço que me dê coragem e força para ficar bem longe delas. Obrigado por me guiar!

SURPREENDENTE

Predadores diferentes têm armas diferentes para matar suas presas. Ursos têm garras, tubarões têm dentes e aranhas têm veneno. Mas o camaleão tem… sua língua. Isso mesmo. A língua do camaleão — que pode ter mais de 18 centímetros de comprimento — é coberta por uma substância pegajosa, parecida com cola. Quando o camaleão atira sua língua para fora, a presa gruda nela e então é sugada de volta para a boca desse animal.

75

É UNIVERSAL

"[...] vou colocar o meu arco nas nuvens.
O arco-íris será o sinal da aliança que
estou fazendo com o mundo."
GÊNESIS 9:13

A Terra não é o único planeta no nosso sistema solar com uma lua. Saturno também tem uma. Bem, na verdade ele tem 53 luas! Uma delas se chama Titã. Essa lua distante tem algo que você pode ter pensado que só a Terra tinha: o arco-íris.

Aqui na Terra, arco-íris acontecem quando a luz do Sol salta para dentro e para fora de gotículas de água no ar, especialmente após uma chuva. A lua Titã é molhada, mas não com água. Sua umidade contém metano, um gás que é venenoso para os humanos. Então, os arco-íris de Titã se formam quando a luz salta para dentro e para fora das gotículas de metano. Mortal para os humanos, mas lindo!

Você se lembra da história do primeiro arco-íris? Ele veio depois do Grande Dilúvio. O mundo se tornou tão perverso, que Deus causou um dilúvio para destruir todos os seres vivos, exceto Noé, sua família e os animais na arca. Noé foi salvo porque amava a Deus. Quando Noé e sua família saíram da arca, Deus lhes fez uma promessa: Ele nunca mais inundaria a Terra inteira. Assim, Deus colocou um arco-íris no céu como um sinal de sua promessa.

Então por que um arco-íris em uma lua distante chamada Titã é importante? Porque ele diz algo sobre Deus: as promessas dele são universais! Não importa o que esteja acontecendo, quantos anos você tenha ou onde você esteja — mesmo em uma lua chamada Titã —, Deus cumpre as promessas que faz. Cada uma delas. Incrível, não é?

Deus, o Senhor prometeu me amar para sempre e sempre me ajudar. Estou tão feliz por saber que cumprirá cada uma dessas promessas!

SURPREENDENTE

Com certeza você já viu um arco-íris antes e talvez até um arco-íris duplo. Mas já viu um arco-íris de círculo completo? Provavelmente não... a menos que você seja um astronauta, um piloto de avião ou esteja no topo das cataratas do Niágara. É preciso estar acima das gotas de água para ver o círculo completo de um arco-íris — caso contrário, metade do círculo fica bloqueado pelo horizonte da Terra.

ARRASANDO NAS ONDAS

*Que homem é este que manda até
no vento e nas ondas?!*

MARCOS 4:41

As ondas são basicamente o sistema de circulação do nosso planeta — elas mantêm a água dos oceanos em constante movimento. Embora os oceanos constituam mais de 70% da superfície do nosso planeta, a água deles não fica em um só lugar. Algumas ondas são minúsculas — tão minúsculas, que você mal consegue vê-las. Elas são chamadas de *ondulações*. Outras ondas, como as *ondas gigantes*, chegam a mais de 30 metros de altura e podem afundar até os maiores navios! O topo de uma onda é chamado de *crista*, enquanto o fundo é chamado de *vale*. A maioria das ondas é criada pelos ventos, mas elas também podem ser criadas por correntes subaquáticas, terremotos, deslizamentos de terra sob a água ou até mesmo erupções subaquáticas de vulcões.

Jesus sabe algumas coisinhas sobre as ondas. Afinal, ele as criou. E, uma vez, quando ele e seus discípulos estavam em um barco no mar da Galileia, uma tempestade com ondas enormes os antigiu. Jesus tinha adormecido, mas, quando as ondas começaram a bater no barco, os discípulos aterrorizados correram para acordá-lo. Jesus se levantou e simplesmente disse: "Fique quieto" — e o vento e as ondas *pararam* (Marcos 4:39). Os discípulos ficaram atônitos... e um pouco assustados. Que tipo de homem poderia fazer isso? A resposta é... somente Jesus. Porque, mesmo sendo totalmente humano, ele era totalmente Deus ao mesmo tempo. Isso significa que ele tinha todo o poder e força de Deus para comandar todas as coisas. Então, na próxima vez que você estiver no meio de uma tempestade terrível — seja uma tempestade de vento e ondas ou uma tempestade de problemas —, corra para Jesus. Ele o ajudará a passar com segurança por qualquer tipo de tempestade.

SURPREENDENTE

Tsunamis podem ser mortais. Causadas por terremotos subaquáticos ou erupções vulcânicas, essas ondas começam pequenas, com apenas alguns centímetros de altura. Mas, conforme se aproximam da costa dos continentes, podem atingir mais de 450 metros de altura!

Senhor, às vezes este mundo pode ser bem assustador. Obrigado por ser um Deus para quem sempre posso correr. Sei que o Senhor está sempre comigo. Não importa quão forte seja a tempestade, sei que pode acalmá-la com apenas uma palavra.

O PÁLIDO PONTO AZUL

> Pelo contrário, ele [Cristo] abriu mão de tudo o que era seu e tomou a natureza de servo, tornando-se assim igual aos seres humanos. E, vivendo a vida comum de um ser humano, ele foi humilde e obedeceu a Deus até a morte — morte de cruz.
> **FILIPENSES 2:7–8**

Em 1977, a NASA lançou a nave espacial Voyager 1 ao espaço com a missão de fotografar nossos planetas vizinhos. Treze anos depois, após passar por Plutão, o ponto mais distante do nosso sistema solar, a uma velocidade de 64 mil km/h, a Voyager 1 voltou para a Terra para tirar uma foto. Essa imagem ficou conhecida como o "Pálido Ponto Azul". Tirada a 6 bilhões de quilômetros de distância, a foto abalou o mundo científico. Por quê? Porque foi a primeira vez que tivemos um vislumbre de quão pequena nossa Terra realmente é na extensão do universo.

E isso torna o que Jesus fez ainda mais incrível! Jesus era igual a Deus, mas ele abriu mão de seu lugar no céu e se tornou um de nós. Ele nasceu de Maria, uma camponesa, e seu marido carpinteiro. Sua cama era uma manjedoura empoeirada na cidade de Belém. Ele cresceu, viveu, amou, curou e ensinou neste pequeno "Pálido Ponto Azul". E, então, obedecendo a Deus, Ele voluntariamente foi morrer na cruz, para que cada pessoa neste pequeno ponto azul pudesse ser perdoada quando o invocasse.

Sim, somos indescritivelmente pequenos. Alguns gostam de dizer que não temos de fato importância. Mas, quando olhamos para Jesus, aquele que abriu mão do céu para descer a este "Pálido Ponto Azul", sabemos a verdade: importamos muito para Deus. Ele deu seu próprio Filho para que pudéssemos conhecê-lo.

Obrigado, Deus, por ter enviado Jesus para me salvar a fim de que eu possa conhecer o Senhor. E me ajude a lembrar que, embora eu seja pequeno, o Senhor pode me usar para fazer coisas grandiosas.

SURPREENDENTE

Cientistas combinaram 60 imagens diferentes para fazer a imagem chamada "Pálido Ponto Azul". Cada imagem era composta de 640 mil pixels. A Voyager 1 estava tão longe da Terra, que levou 5 horas e meia para cada pixel viajar pelo espaço até aqui — não cada imagem, mas cada pequeno ponto de pixel na imagem. Levou meses para que as imagens completas chegassem até nós. Isso sim é um download lento!

AFUNDE SEUS DENTES NISSO

Fiquem agora onde estão e vocês verão que coisa maravilhosa o Senhor vai fazer.
1 SAMUEL 12:16

Quando você pensa em um tubarão, provavelmente uma das primeiras coisas que imagina são os dentes dele! Existem mais de 400 espécies de tubarões no mundo e *todas* elas têm dentes! Muitos e muitos deles. Mas eles também perdem muitos e muitos desses dentes... enquanto rasgam e dilaceram suas presas. *Caramba!* Os tubarões morreriam de fome rapidamente sem seus dentes,

então Deus deu a eles um sistema único de substituição de dentes.

Os dentes dos tubarões são dispostos em fileiras em sua boca, uma atrás da outra. Alguns tubarões têm "apenas" 5 fileiras de dentes, mas outros, como o tubarão-cabeça-chata, têm 50 fileiras! Essas fileiras basicamente agem como correias transportadoras. Quando um dente é perdido, outro dente da fileira atrás dele empurra o próximo para a frente e toma seu lugar.

Os tubarões não são as únicas criaturas das quais Deus cuida de maneiras únicas. Ele também cria algumas maneiras

Tubarões nascem com um conjunto completo de dentes, diferentemente dos humanos, que nascem sem dentes! Os dentes dos tubarões variam em formato, dependendo do tipo de tubarão e do que ele come. Por exemplo, o tubarão-mako tem dentes semelhantes a navalhas para rasgar, enquanto o tubarão-zebra tem dentes achatados para esmagar as conchas dos moluscos que gosta de comer.

bem incomuns de cuidar do seu povo. Pense nos israelitas que vagaram e acamparam em um deserto por 40 anos. Seus sapatos e roupas nunca se desgastaram! E temos também Elias — Deus o alimentou enviando corvos carregando pão e carne. E a viúva de Sarepta? Mesmo no meio de uma terrível fome, seus potes de óleo e farinha nunca acabaram. Que milagre! Muitos outros exemplos da proteção milagrosa de Deus estão na Bíblia. O que aprendemos com todos eles é que Deus cuida do seu povo, às vezes de maneiras incríveis, criativas e milagrosas. Então você sempre pode confiar que Ele cuidará de você. Apenas observe e veja as maneiras criativas pelas quais Ele faz isso!

Deus, o Senhor é incrível em todas as diferentes maneiras pelas quais cuidas da sua criação. Abra os meus olhos para que eu veja como cuida de mim.

79
UMA ATRAÇÃO MAGNÉTICA

"Felizes são vocês quando os insultam, perseguem e dizem todo tipo de calúnia contra vocês por serem meus seguidores. Fiquem alegres e felizes, pois uma grande recompensa está guardada no céu para vocês."
MATEUS 5:11–12

Ímãs estão por toda parte. Você pode ver alguns grudados na sua geladeira. Como os ímãs são feitos e o que lhes dá esse misterioso poder de atração? Lembre-se de que toda a matéria — tudo o que você pode ver e tocar — é composta de milhões de partículas microscópicas chamadas *átomos*. Dentro desses átomos há partículas ainda menores chamadas *elétrons*. Normalmente, os elétrons voam em todas as direções. Mas, às vezes, todos os elétrons começam a voar na mesma direção, criando uma força invisível chamada *magnetismo*. Isso acontece mais frequentemente em objetos de metal feitos de ferro ou aço, criando um *ímã*. Objetos magnetizados atraem outros objetos feitos de ferro ou aço.

Os ímãs têm dois *polos* (ou extremidades) — um positivo e um negativo. Se você colocar uma extremidade positiva e uma negativa perto uma da outra, elas meio que pularão juntas e grudarão. Chamamos isso de *atração*. Mas, se você colocar duas extremidades positivas ou duas negativas juntas, elas se afastarão (ou se *repelirão*). Vá em frente, encontre alguns ímãs e experimente você mesmo — é bem legal de ver.

Essa atração e repulsão é muito parecida com a forma como as pessoas reagem à fé em Jesus às vezes. Quando vive sua vida amando e

obedecendo a Deus, você brilha como uma luz. Essa luz atrairá algumas pessoas — e você terá a maravilhosa oportunidade de contar a elas sobre Jesus. Mas essa luz repelirá outras. Elas não vão querer saber sobre Deus. Algumas delas simplesmente ignorarão você, mas outras podem xingá-lo e zombar daquilo em que você acredita. Mas não se preocupe. Jesus disse que, quando essas coisas acontecem, você é realmente abençoado. Por quê? Porque isso significa que você está realmente o seguindo.

Senhor, me ajude a viver uma vida "magnética" que atraia as pessoas para o Senhor. E, quando minha fé afastar algumas pessoas, me ajude a amá-las mesmo assim.

SURPREENDENTE

Quer fazer seu próprio ímã? É fácil. Tudo que você precisa é de alguns clipes de papel e um ímã de geladeira. Esfregue o ímã em um dos clipes de papel, mas não para frente e para trás... esfregue-o na mesma direção, cerca de 50 vezes, o mais rápido que puder. Depois, encoste o clipe de papel magnetizado no outro e observe como ele gruda!

PESO NO CORAÇÃO?

"Eu lhes darei um coração novo e porei em vocês um espírito novo. Tirarei de vocês o coração de pedra, desobediente, e lhes darei um coração bondoso, obediente."
EZEQUIEL 36:26

Temos a tendência de pensar na Terra como sendo feita de terra, areia e pedras, mas isso é só arranhar a superfície. Na verdade, a Terra é composta de cinco camadas. A camada superior é chamada de *crosta* e tem cerca de 40 quilômetros de espessura. (Isso é mais do que quatro montes Everest empilhados um sobre o outro.) Depois, há o *manto superior*, o *manto inferior*, o *núcleo externo* e o *núcleo interno*. É o núcleo interno que fica no centro — o coração — da Terra. O núcleo interno é bem grande, com mais de 1.200 quilômetros de diâmetro. E é *muito* quente. Os cientistas acham que sua temperatura pode chegar a 4.900 graus Celsius. *Uau!* Os cientistas também acreditam que o núcleo da Terra é feito principalmente de ferro. Com temperaturas na casa dos milhares, você pode achar que o núcleo de ferro derreteria, mas não derrete. As pressões extremamente altas o mantêm espremido em uma bola dura e sólida.

Deus fez o núcleo da Terra — seu coração — para ser duro. Mas não foi assim que Ele fez o *seu* núcleo. *Seu* coração foi feito para ser suave. Contudo, às vezes ele pode ficar duro — como quando alguém te machuca, quando você fica bravo ou triste, ou quando muitas coisas dão errado. Como seu coração pode ser suavizado novamente, do jeito que Deus o criou para ser? Comece com uma oração. Derrame seu coração a Deus (Salmo 62:8). Conte tudo a Ele. E então peça para limpar seu coração e lavar todos esses sentimentos difíceis (Salmo 51:10). Ele fará isso — Ele prometeu que faria. Porque Deus quer que seu coração seja suave... assim como o Dele.

Deus, se importar com as pessoas pode ser difícil. Às vezes parece mais fácil simplesmente não se importar. Quando eu começar a me sentir assim, por favor, leve embora esses sentimentos difíceis e me dê coragem e força para me importar — especialmente quando for difícil. Me dê um coração suave, igual ao seu.

SURPREENDENTE

A mina de ouro de Mponeng, na África do Sul, é a mina mais profunda do mundo. Ela se estende por mais de 4 quilômetros abaixo da superfície da Terra.

As temperaturas no fundo são tão altas — até 60 graus Celsius —, que os trabalhadores bombeiam constantemente uma camada de gelo granizado para o subsolo para torná-lo seguro.

81

VÁ DIRETO AO PONTO

"Você pode fazer com que os raios apareçam
e venham dizer-lhe: 'Estamos às suas ordens?'"
JÓ 38:35

Você já viu um relâmpago cortando o céu? É lindo, incrível e… tão perigoso! O relâmpago é uma explosão gigantesca de eletricidade que atravessa o céu com um clarão brilhante de luz e cria um estalo estrondoso chamado *trovão*. O relâmpago é causado por água e gelo se movendo dentro de uma nuvem, o que cria uma carga elétrica. Quando essa carga fica forte o suficiente, ela explode como um relâmpago.

SURPREENDENTE

Você sabia que uma faísca de relâmpago pode se estender por quilômetros? A maior distância que um relâmpago percorreu foi de quase 320 quilômetros! Ele também atravessa o ar a uma temperatura de mais de 27 mil graus Celsius! Um único relâmpago pode conter até 1 bilhão de volts de eletricidade. E, a cada segundo, mais de 100 relâmpagos atingem algum lugar na Terra. Essa é uma quantidade inacreditável de poder!

Deus é tão poderoso, que Ele controla os relâmpagos. A Bíblia diz: "Ele [Deus] pega raio com as mãos" (Jó 36:32), e a "voz do Senhor faz brilhar o relâmpago" (Salmo 29:7). O mesmo Deus que comanda os relâmpagos quer derramar o poder dele na sua vida. Como? Por meio da oração. É simples assim. Falar com Deus convida o poder dele para a sua vida. A Bíblia promete que, quando um filho de Deus ora, Ele ouve. Todas as vezes. E essa oração "é poderosa e eficaz" (Tiago 5:16 NVI). Então fale com Deus hoje com uma oração sua. Ele está pronto para ouvir — e iluminar sua vida!

O relâmpago não cai apenas em uma tempestade. Ele também pode cair durante erupções vulcânicas, incêndios florestais, fortes tempestades de neve e furacões.

Senhor, o seu poder é tão grande que nem consigo imaginar — é indescritível. E eu oro para que use esse poder na minha vida, me transformando na pessoa que me criou para ser.

O QUE É ISSO, VOCÊ DISSE?

[...] o nosso amor não deve ser somente de palavras e de conversa. Deve ser um amor verdadeiro, que se mostra por meio de ações.
I JOÃO 3:18

Pessoas do mundo todo se comunicam usando sistemas de palavras chamados *idiomas*. Qual idioma você fala? O inglês é uma das línguas mais faladas no mundo, com mais de 1,5 bilhão de pessoas capazes de falá-lo, embora seja a língua nativa de apenas cerca de 375 milhões de pessoas. Uma *língua nativa* é

170

SURPREENDENTE

a língua que você aprende em casa e cresce falando. A língua chinesa tem o maior número de falantes nativos: cerca de 1 bilhão! Outros idiomas populares são híndi, espanhol, francês, árabe, russo — poderíamos continuar a lista, citando mais de 7 mil idiomas diferentes. Alguns são falados por milhões, alguns por milhares, e cerca de 46 são falados por apenas uma pessoa! (Eu me pergunto com quem elas falam!)

Alguns idiomas são bem incomuns. A língua pirahã, do Brasil, tem provavelmente o sistema de som mais simples, com apenas 8 consoantes e 3 vogais. A língua taa, da África, tem mais sons do que qualquer outra língua, com apenas cinco tipos de cliques, mas 164 consoantes e 44 vogais.

Uma das línguas mais bonitas do mundo é encontrada em La Gomera, uma pequena ilha na costa da Espanha. Essa língua — chamada silbo gomero — usa assobios em vez de palavras! Como a ilha tem tantas montanhas e ravinas, gritar as palavras não funciona — elas ficam todas misturadas. Mas uma mensagem assobiada pode ser ouvida em alto e bom som!

Existem milhares de maneiras diferentes de dizer o que você quer dizer, mas há apenas uma maneira de transmitir sua mensagem em alto e bom som — não importa qual idioma você fale. É pelo que você *faz*. Se você *diz* que ama Jesus, mas não ama e não ajuda os outros, suas palavras não significam nada. Por outro lado, se você tenta ser gentil, prestativo e amoroso com todos ao seu redor, suas ações dizem ao mundo que você realmente ama Jesus e quer ser como Ele.

Senhor, sei que minhas ações enviam uma mensagem a todos ao meu redor. Por favor, me ajude a fazer dessa mensagem uma mensagem amorosa que aponte as pessoas de volta para o Senhor.

APENAS NA TERRA

**Deus estendeu o céu sobre o vazio
e suspendeu a terra por cima do nada.**
JÓ 26:7

Nenhum outro planeta é como a Terra — e definitivamente não em nosso sistema solar! Em nosso sistema solar, oito planetas *orbitam*, ou circulam, o Sol. (Plutão perdeu seu *status* de planeta "de verdade" em 2006 e agora é considerado um "planeta anão". Que pena.) Começando com aqueles mais próximos do Sol, esses oito planetas são: Mercúrio, Vênus, Terra, Marte, Júpiter, Saturno, Urano e Netuno.

Então por que a Terra é a única com vida? Bem, vamos dar uma olhada. Mercúrio é o mais próximo do Sol, então fica um pouco quente lá — mais de 420 graus Celsius! Vênus é ainda mais quente. Além disso, sua atmosfera é puro veneno. Marte não é quente, mas é frio e seco, com tempestades de poeira que podem cobrir todo o planeta! Há gelo em Marte, mas não há água líquida para beber. Tanto Júpiter quanto Saturno são feitos principalmente de gases hidrogênio e hélio, o que torna difícil ficar de pé ou respirar. A atmosfera de Urano é cheia de gás metano — mortal, embora tenha uma bela cor azul. Netuno está 30 vezes mais distante do Sol do que a Terra, o que o torna muito frio. Também venta muito, com ventos soprando a até 2.400 km/h! Isso é mais rápido do que a velocidade do som — que, a propósito, é de 1.224 km/h.

Só a Terra tem as condições certas de ar, temperatura, solo e água necessárias para a vida. É quase como se a Terra tivesse sido projetada para a vida. Ah, espere... ela foi! Gênesis nos diz que Deus criou a Terra e deu a ela tudo o que era necessário para a vida — o Sol e a Lua, água e céus. Então Ele a encheu de vida — plantas, animais e pessoas. E Deus disse que a Terra e tudo nela "era muito bom" (Gênesis 1:31).

Obrigado, Deus, pela Terra que me deu para viver. E obrigado por Jesus, que me dá o céu para viver para sempre.

SURPREENDENTE

Cientistas expulsaram Plutão do clube dos planetas em 2006, mas agora eles acham que um nono planeta pode existir em algum lugar depois de Netuno. Eles o chamam de "Planeta Nove", e acham que esse planeta tem cerca de 10 vezes a massa da Terra e 5 mil vezes a massa do planeta anão Plutão. Ninguém viu o planeta misterioso ainda, mas os cientistas continuam procurando!

173

FLORESÇA ONDE VOCÊ ESTÁ PLANTADO

Aprendi o segredo de me sentir contente em todo lugar e em qualquer situação [...] Com a força que Cristo me dá, posso enfrentar qualquer situação.
FILIPENSES 4:12–13

As plantas precisam de apenas algumas coisas para crescer: luz solar, água, ar e nutrientes. Algumas plantas — como árvores e grama — obtêm o que precisam de uma forma bem simples. A terra fornece nutrientes, a chuva fornece água e as plantas encontram luz solar e ar ao seu redor. Mas Deus fez outras plantas para serem um pouco mais criativas para obter o que precisam.

Por exemplo, algumas plantas do deserto têm raízes muito longas, permitindo que elas "cavem" profundamente em busca de água subterrânea. Muitas plantas do deserto, como cactos, conseguem armazenar água de chuvas raras no deserto. Na floresta tropical, onde chove mais de 2.540 milímetros por ano, as plantas têm "pontas de gotejamento", que rapidamente fazem toda aquela água extra pingar para que suas folhas não fiquem mofadas. As plantas do Ártico crescem baixas no chão e próximas umas das outras para sobreviver ao frio intenso.

Deus também criou *você* para florescer onde você está plantado — não importa onde esteja e não importa o que esteja acontecendo ao seu redor. Como? Dependente de Jesus e sendo grato por tudo o que ele lhe deu. Se você está tendo o melhor dos dias, é fácil florescer com felicidade e gratidão. Quando você está tendo o pior dos dias, é um pouco mais difícil. Mas você sempre pode ser grato a Jesus! Coloque suas raízes no amor dele, deixe a palavra de Deus alimentá-lo e alcance o mundo ao seu redor. Antes que você perceba, estará florescendo exatamente onde foi plantado.

> *Querido Deus, não importa o que esteja acontecendo no meu dia hoje, sei que tenho muitas coisas pelas quais agradecer. Abra meus olhos para vê-las e me ajude a florescer onde quer que me plante.*

SURPREENDENTE

O fogo é o inimigo de todas as plantas, certo? Errado! Não do pinheiro conhecido pelo seu nome científico *Pinus banksiana*. As sementes dessa árvore são presas em cones cheios de resina, que são basicamente colados. (Pense na resina como se fosse uma supercola!) A resina é tão forte, que os cones podem permanecer selados por anos, até que um incêndio florestal aconteça, derreta a resina e permita que os cones se abram e derramem as sementes. Isso é parte do projeto milagroso de Deus de replantar a floresta após um incêndio.

QUE TEIA EMARANHADA NÓS TECEMOS...

O Senhor Deus detesta os mentirosos, porém ama os que dizem a verdade.
PROVÉRBIOS 12:22

Aranhas... elas são a matéria-prima de pesadelos e filmes de terror. Mas também são bem incríveis — de uma forma meio nojenta. Aranhas são caçadoras. A maioria das aranhas come insetos, mas aranhas pescadoras pescam... bem... peixes. Aranhas caçadoras, que podem ter uma envergadura de pernas assustadora de 30 centímetros, capturam sapos e lagartos. E algumas das maiores aranhas do mundo capturam pássaros e morcegos em suas teias enormes!

Todas as aranhas produzem seda, mas nem todas a usam para tecer teias. A seda também protege os ovos das aranhas, ajuda as aranhas a se moverem e fornece abrigo. Aranhas que fiam teias usam seda para criar armadilhas elaboradas e capturar seu jantar. Como as teias são quase invisíveis, os insetos voam para dentro delas e ficam presos nos fios pegajosos. Quando um inseto fica preso em uma teia, uma aranha sente a vibração da luta dele e corre para envolvê-lo em mais seda. Como não pode comer alimentos sólidos, a aranha injeta sucos digestivos em sua presa, transformando-a em um mingau líquido para a aranha sugar. Uma versão de milk-shake de aranha. *Eca!*

A teia de aranha é uma armadilha pegajosa e mortal — e é muito parecida com a armadilha da mentira. A primeira mentira que você conta pode ser pequena, quase invisível, então você acha que ninguém vai ver. Mas alguém geralmente vê. Então você conta uma mentira maior para encobrir a primeira — e então uma mentira ainda maior para encobrir aquela. Logo você está cercado por uma teia inteira de mentiras, e quem acaba ficando preso e emaranhado é você. Então nunca conte essa primeira mentira. Diga a verdade e fique longe de situações complicadas.

Deus, às vezes parece mais fácil contar uma mentira — como quando não quero me encrencar. Por favor, me dê coragem e força para sempre dizer a verdade.

Aranha-lobo

SURPREENDENTE

Nem todas as aranhas pegam suas refeições tecendo teias. A aranha-lobo persegue sua presa e a captura. As aranhas-saltadoras se movem rápido e têm uma visão muito boa. Você consegue adivinhar como elas capturam suas presas? Isso mesmo — pulando nelas!

APROVEITE O PODER

[...] e como é grande o seu poder que age em nós, os que cremos nele. Esse poder que age em nós é a mesma força poderosa que ele usou quando ressuscitou Cristo.
EFÉSIOS 1:19-20

Eletricidade... ela alimenta nossas luzes, nosso aquecimento e resfriamento, nossos computadores, nossos jogos, nossos telefones e muito mais. A vida seria muito diferente sem eletricidade.

Obtemos nossa eletricidade de muitas fontes diferentes, que podem ser classificadas em dois grupos: recursos renováveis e recursos não renováveis. *Recursos renováveis* são aqueles que podem ser usados repetidamente e não acabarão. Isso inclui a energia solar, a energia eólica e a energia hídrica (ou hidrelétrica). Também inclui a energia geotérmica, que usa o calor abaixo da superfície da Terra, e a energia de biomassa, que queima resíduos vegetais e animais (como cocô de vaca!) para criar calor e vapor — que então são transformados em eletricidade. *Recursos não renováveis* não podem ser reutilizados e podem acabar algum dia. Carvão, petróleo e gás natural são exemplos de recursos não renováveis.

Seja qual for a fonte de eletricidade, seu poder mantém todas as máquinas do mundo funcionando. Mas há um tipo diferente de poder que mantém os cristãos funcionando — e é 100% renovável. É o poder de Deus. Quando você está cansado ou não tem certeza do que fazer, é hora de recorrer ao poder de Deus. Ele sabe de tudo (Salmo 147:5), Ele promete responder quando você o chama (Salmo 120:1) e não há nada que seja impossível para Ele (Mateus 19:26). Não importa o que você esteja enfrentando, Deus tem o poder de carregá-lo em meio a isso. Então faça uma oração, neste exato segundo, e desfrute do poder de Deus.

Senhor, o seu poder é tão grande, que eu nem consigo imaginar. O Senhor criou as estrelas, os planetas e eu! E o mais incrível é que prometeu usar o seu poder na minha vida. Obrigado, Deus!

SURPREENDENTE

Benjamin Franklin não foi a primeira pessoa a descobrir a eletricidade, mas ele é famoso por seu experimento com raios. Segundo a lenda, ele empinou uma pipa que tinha uma chave de metal presa a ela até uma nuvem de tempestade, e conseguiu obter eletricidade do raio na nuvem. Não sabemos se os detalhes desse experimento lendário são verdadeiros, mas sabemos que Franklin inventou o para-raios — um poste de metal que transporta com segurança a energia elétrica dos raios para longe dos edifícios durante uma tempestade.

ESPERE POR ISSO

**Confie no Senhor. Tenha fé e coragem.
Confie em Deus, o Senhor.**
SALMO 27:14

O beija-flor é um prodígio do voo. Ele pode atingir velocidades de até 48 km/h, e até 96 km/h quando mergulha — isso é quase tão rápido quanto seu carro dirige na rodovia! Suas asas batem até 80 vezes por segundo, dependendo da direção em que está voando. Para alimentar essas asas, um beija-flor respira cerca de 250 vezes por minuto e seu coração bate 1.200 vezes por minuto. Para efeito de comparação, seu coração bate apenas entre 70 e 100 vezes por minuto!

Todo esse poder está contido em pequenos beija-flores. O beija-flor-calíope tem apenas 7 centímetros de comprimento, o que o torna o menor pássaro da América do Norte. Mas o beija-flor-abelha de Cuba é ainda menor. Com apenas 5 centímetros de comprimento, é o menor pássaro do mundo. O beija-flor-de-pescoço-vermelho pesa cerca de 3 gramas — mais leve que uma moeda americana de níquel, que pesa 4,5 gramas. Mas a coisa mais incrível sobre os beija-flores é a maneira como eles podem voar! Eles entram e saem entre as flores — voando eretos, de cabeça para baixo, para os lados e para trás. Eles podem até "pisar no freio" e pairar no ar.

SURPREENDENTE

O beija-flor põe um dos menores ovos entre todos os pássaros do mundo. Quão pequeno? O beija-flor-de-pescoço-vermelho põe um ovo do tamanho de uma ervilha. A mãe pássaro então coloca esses pequenos ovos em um ninho do tamanho de uma noz feito de teias de aranha e pedaços de plantas.

Às vezes, Deus pedirá para você parar e pairar — não no ar, mas em suas orações. Veja, Deus *sempre* responde às suas preces. Às vezes, Ele diz "sim" imediatamente, e às vezes Ele diz "não" imediatamente. Mas, em outras, Deus pede para você esperar — "pairar" — por uma resposta. Ele quer que você fique quieto e não tente controlar as coisas para obter a resposta que deseja. Deus quer que você confie nele e espere enquanto Ele trabalha tudo em sua vida da maneira certa. Então, o que você pode fazer enquanto espera? "Pairar" perto de Deus! Continue orando (Lucas 18:1-8). E continue confiando que Deus começou a responder ao seu pedido de oração antes mesmo de você pedi-lo (Isaías 65:24)!

Senhor, você sabe que não sou muito bom em esperar. Por isso, por favor me ajude a ser paciente enquanto o Senhor trabalha na sua resposta perfeita para mim.

AUMENTAR OS MÚSCULOS

**Ó Senhor, aqueles que te conhecem confiam em ti,
pois não abandonas os que procuram a tua ajuda.
SALMO 9:10**

Os músculos são o que mantém você em movimento — andando, pulando, correndo, saltitando... bem, você entendeu. Eles também são o que mantêm você sentado, ajudando a preservar suas costas retas e sua cabeça erguida. Alguns músculos são fáceis de ver, como os dos braços e pernas. Mas há muitos outros músculos que você provavelmente nem percebe que está usando — como os músculos do coração, pulmões, estômago, olhos e ouvidos. (Músculos dentro dos ouvidos? Quem diria!) Sem músculos, seu corpo simplesmente não conseguiria viver.

Alguns músculos, como os do coração e do sistema digestivo, trabalham o tempo todo e fazem bastante exercício por conta própria. Mas outros músculos, como os dos braços e pernas, precisam ser exercitados todos os dias. Todos os seus músculos precisam da energia, que vem de comer os tipos certos de alimentos — não muita porcaria! E mesmo aqueles músculos que nunca param de trabalhar precisam da cura que vem do descanso. Essas três coisas — exercício, comida e descanso — mantêm seus músculos físicos em ótima forma.

Mas e quanto aos seus músculos espirituais? Os músculos da sua fé... o que os mantém fortes? As mesmas coisas, na verdade: exercícios, alimentação e descanso. Você exercita sua fé levantando-se todas as manhãs e escolhendo confiar que Deus o ama e cuidará de você, não importa o que aconteça. Você alimenta sua fé lendo a palavra

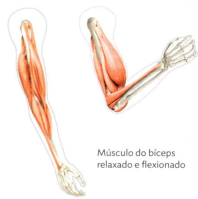

Músculo do bíceps relaxado e flexionado

182

de Deus todos os dias. E você se cura dos tempos difíceis deste mundo descansando durante seu tempo de silêncio, falando com Deus e ouvindo-o. Então levante-se e faça algum exercício — para seus músculos e sua fé.

Senhor, me ensina a cuidar deste corpo que você criou. E me ajude a lembrar que minha fé também precisa ser cuidada.

SURPREENDENTE

O músculo que mais trabalha no seu corpo é o coração — ele nunca para e continua bombeando 24 horas por dia, 7 dias por semana. O menor músculo é o *estapédio*, que fica dentro do ouvido médio. Ele tem menos de 2 milímetros de comprimento. E os maiores músculos? Esses seriam um grupo de músculos chamado *glúteo máximo*. (Aqui vai uma dica: são aqueles em que você se senta!)

89
O QUE DEUS VÊ

Não há nada que se possa esconder de Deus.
HEBREUS 4:13

Sabia que em uma noite clara, longe das luzes da cidade e usando apenas seus olhos, você pode ver todo o caminho até a Galáxia de Andrômeda, que está localizada a espantosos 2,5 milhões de anos-luz da Terra? E, em uma noite realmente boa, você pode ver todo o caminho até uma estrela chamada Deneb, uma das mais brilhantes da nossa Via Láctea. Os cientistas não têm certeza de quão longe Deneb está, mas eles acham que está a pelo menos 14 *quatrilhões* de milhas de distância — ou 14.000.000.000.000.000. Isso é um monte de zeros! Deus fez seus olhos incrivelmente poderosos para que você possa ver apenas um pouco da magnífica criação dele.

Mas, por mais poderosos que seus olhos sejam, os olhos de Deus são ainda mai poderos. Ele pode ver a estrela mais distante na galáxia mais distante do universo. Ele também pode ver o pelo mais curto na perna esquerda do menor inseto. E Ele pode ver cada fio de cabelo da sua cabeça — e contar cada um deles (Lucas 12:7). Deus vê absolutamente tudo!

E Ele vê você — perfeita e completamente. Mas, quando Deus olha para você, Ele não olha apenas para o exterior — suas roupas, seu cabelo ou seu nariz. Deus olha muito mais profundamente do que isso. Ele olha para o seu coração e vê todas as coisas que o preenchem. Ele vê as preocupações e as dúvidas, o que o faz feliz e o que o assusta. Ele também vê a raiva, o ciúme e todos aqueles pecados secretos que você acha que ninguém mais sabe. Deus já sabe tudo em seu coração, então você pode contar a Ele qualquer coisa. Quando você fala com Ele, Ele promete encher seu coração de paz. Peça a Deus para ajudar seu coração a se parecer mais com o dele — cheio de coisas maravilhosas, como amor, alegria e gentileza.

Deus, obrigado por me dar olhos para ver a maravilha e a beleza da sua criação ao meu redor. Me ajude a ver como posso ser mais como o Senhor hoje.

SURPREENDENTE

Seus olhos piscam cerca de 12 vezes por minuto — isso é mais de 10 mil piscadas por dia (sem contar quando você está dormindo, é claro). Cada piscada dura cerca de 0,3 segundo, o que significa que seus olhos ficam fechados por mais de 50 minutos todos os dias!

UMA MENTE PARA VER

Não vivam como vivem as pessoas deste mundo, mas deixem que Deus os transforme por meio de uma completa mudança da mente de vocês. Assim vocês conhecerão a vontade de Deus, isto é, aquilo que é bom, perfeito e agradável a ele.
ROMANOS 12:2

Estrelas-do-mar podem fazer coisas incríveis, como regenerar um membro se ele for arrancado. Mas uma das coisas mais estranhas sobre as estrelas-do-mar é como elas comem. Primeiro, uma estrela-do-mar faminta envolve seus braços em volta de um mexilhão ou molusco e abre a concha apenas o suficiente para... *empurrar seu próprio estômago para fora através de sua boca e para dentro da concha.*

Depois de digerir o animal, a estrela-do-mar desliza seu estômago de volta para seu próprio corpo. Isso parece algo saído de um filme de alienígenas!

Outra coisa incomum sobre a estrela-do-mar é que ela tem um olho no final de cada braço. Mas a estrela-do-mar não tem um cérebro de verdade para dizer o que está vendo. Em vez disso, os nervos vão de sua boca para cada um de seus olhos, e os sensores em seus muitos "pés" tubulares realmente encontram comida. Então a estrela-do-mar é perfeitamente capaz de se mover, comer e fazer tudo o que precisa para viver, mas não consegue pensar. A estrela-do-mar não consegue "ver" qual caminho deve tomar — ela apenas vai para onde seu corpo diz para ir.

É aí que você é diferente. Você não só tem olhos para ver, mas também tem uma mente para pensar. E Deus quer que você use sua mente. Ele traçou um caminho para sua vida — um caminho que o levará até o céu. É um caminho feito de escolhas sábias, das palavras da Bíblia e de amar os outros. É um caminho que Deus conhece perfeitamente e no qual promete guiá-lo.

Senhor, me ensine algo novo sobre você todos os dias. Abra meus olhos, minha mente e meu coração para te ver ao meu redor neste mundo. Me conduza pelo seu caminho de vida e abra minha mente para ver o Senhor me guiando.

SURPREENDENTE

Mais de 2 mil tipos diferentes de estrelas-do-mar estão no mundo. A maioria delas tem apenas 5 braços, mas outras têm até 40 braços. A estrela-do-mar-sol é um dos maiores tipos de estrelas-do-mar. Ela tem 24 braços e pode crescer até 101 centímetros de ponta a ponta do braço!

91

CHUVA, CHUVA... NÃO VÁ EMBORA

"Porque ele faz com que o sol brilhe sobre os bons e sobre os maus e dá chuvas tanto para os que fazem o bem como para os que fazem o mal."

MATEUS 5:45

Você provavelmente pensa na chuva como gotas de água caindo do céu. Mas o nome técnico da chuva é *precipitação* e inclui o granizo, a chuva com neve e a neve. A chuva começa lá em cima nas nuvens como cristais de gelo ou neve, e uma única gota pode "flutuar" lá em cima por 10 dias. Quando a gota de chuva finalmente cai, ela pode despencar na Terra a velocidades de até 35 km/h! Para efeito de comparação, um floco de neve flutua graciosamente pelo céu a apenas 3 a 6 km/h — levando quase uma hora para chegar ao solo. Alguns lugares na Terra recebem pouquíssima chuva, enquanto outros recebem muita. Mas cada ponto da Terra recebe um *pouco* de chuva.

Isso é como os problemas. Todo mundo os tem, tanto pessoas boas quanto pessoas más. Pode ser difícil entender por que coisas ruins às vezes acontecem com pessoas boas que amam a Deus e tentam fazer o que é certo. E pode ser igualmente difícil entender por que coisas boas — como fama, sucesso e riquezas — às vezes acontecem com pessoas más. Mas não deixe que isso o preocupe ou o perturbe. Deus permite que o Sol brilhe e a chuva caia sobre pessoas boas *e* más. Tudo faz parte do plano dele e esse plano é perfeito. No final, Deus usará todas as coisas — bênçãos e problemas — para trazer o bem para o seu povo, que mostrará a glória Dele para toda a Terra (Romanos 8:28).

Querido Deus, há muitas coisas que não entendo, mas há uma coisa que sei: o Senhor é sempre bom, e sempre posso confiar em você. Obrigado por ter bons planos para a minha vida!

SURPREENDENTE

Você pode pensar que o lugar menos chuvoso da Terra seria um deserto, mas não é. É a Antártida, que recebe apenas cerca de 165 milímetros de chuva ou neve a cada ano. Por outro lado, o lugar mais chuvoso do mundo é Lloro, Colômbia, na América do Sul, que recebe mais de 13.460 milímetros de chuva por ano!

QUER BRINCAR?

Faça perguntas às aves e aos animais, e eles o ensinarão. Peça aos bichos da terra e aos peixes do mar, e eles lhe darão lições [...] Todas essas criaturas sabem que foi a mão do Senhor que as fez.
JÓ 12:7–9

Você já viu um gatinho bater em um pedaço de barbante? Ou mandou um cachorrinho correr para buscar uma bola? Ou viu um grupo de lontras no zoológico se contorcendo e girando na água? Assim como você, os animais gostam de brincar. Potros correm atrás uns dos outros e jogam gravetos e trapos. Filhotes de canguru adoram brincar de luta com suas mães, e certos tipos de peixes pulam alegremente sobre tartarugas e galhos.

Mas são os golfinhos, talvez, os mais conhecidos por serem brincalhões. Claro, eles podem dar um show em aquários, mas, mesmo na natureza, os golfinhos podem ser vistos saltando alto no ar. Os golfinhos-rotadores se lançam alto no ar e giram, e giram, enquanto os golfinhos-cinzentos gostam de dar cambalhota.

Os cientistas acreditam que os animais brincam por vários motivos diferentes: para praticar habilidades da vida, para se comunicar uns com os outros ou talvez pela pura alegria de brincar na criação de Deus! Esse último motivo pode ser o melhor para todos nós brincarmos.

Deus criou este mundo para que seu povo não apenas vivesse nele e cuidasse dele, mas também desfrutasse desse espaço. Deus não precisava criar flores em tantas cores diferentes e bonitas. Ele não precisava criar poças para pular, árvores para escalar ou colinas para rolar — mas Ele criou. Ele não precisava criar tantos tipos de frutas (e vegetais!) deliciosas, mas Ele criou. Tire um tempo para aproveitar todas as maravilhas deste mundo que Deus criou. Deixe os animais lhe ensinarem uma ou outra coisa — saia e brinque!

> **SURPREENDENTE**
>
> Todo mundo sabe que filhotes de cachorro e gatinhos brincam... mas *crocodilos*? É verdade! Cientistas observaram crocodilos usando seus focinhos para soprar bolhas na água e morder as ondas de brincadeira. Eles também foram vistos brincando com flores e carregando-as em seus dentes. Essas feras assustadoras e escamosas são conhecidas até mesmo por andarem nas costas umas das outras!

Senhor, obrigado por todas as maravilhas deste mundo que criou. Abra meus olhos para vê-las e abra meu coração para apreciá-las. A sua criação é maravilhosa!

HAJA CORAÇÃO

O Senhor Deus olha do céu e vê toda a humanidade... É Deus quem forma a mente deles e quem sabe tudo o que fazem.
SALMO 33:13,15

Quando você coloca a mão no peito, sabe o que é esse tum-tum-tum que sente? É o seu coração. Sabe quando ele começou a bater? Depois de estar no útero da sua mãe por apenas 22 dias! Agora que você está muito maior, seu coração tem muito mais trabalho a fazer. Ele cresceu até o tamanho do seu punho e agora bombeia sangue pelos 96.560 quilômetros de vasos sanguíneos do seu corpo!

Seu coração é incrível porque aquele que pendurou as estrelas no céu é o mesmo que moldou e formou seu coração. Mas, quando você pensa na palavra *coração*, provavelmente pensa em mais do que apenas uma parte do corpo batendo, não é? Você pensa em todas as emoções e os sentimentos que ele contém, como felicidade, tristeza, animação e medo. E, embora o coração físico dentro do seu corpo não seja realmente onde todas essas emoções vivem, é no coração que as pessoas dizem que as sentem. O fato incrível é que o Deus que é grande o suficiente para conhecer todos os segredos do universo também te ama tanto, que Ele conhece todas as emoções do seu coração e exatamente quando você as sente.

Deus sabe quando você está assustado, preocupado, feliz ou triste — e todas as demais emoções que se misturam a essas. *E Ele te entende.* Não importa quão difícil a vida fique ou quão escuro este mundo pareça, Deus tem um plano para te ajudar e Ele sabe exatamente a maneira certa de o confortar. Confira esta promessa incrível: "Pois eu sou o Senhor, o seu Deus, que o segura pela mão direita e diz a você: 'Não tema; eu o ajudarei'" (Isaías 41:13). Deus está sempre com você — a cada batida do seu coração.

Deus, obrigado por este coração que o Senhor me deu. Por favor, encha-o com seu amor, sua coragem e sua força. E me ajude a sempre guardar a sua Palavra dentro dele.

SURPREENDENTE

Quão rápido o seu coração bate? Para uma pessoa comum, o coração bate cerca de 60 a 100 vezes por minuto. Se você multiplicar isso por todos os minutos de um dia, seu coração bate mais de *100 mil vezes* por dia. E ele pode bater ainda mais rápido — quando você está se exercitando, animado, nervoso ou assustado.

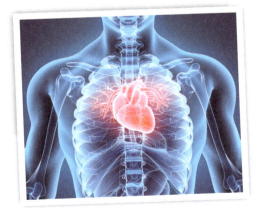

PARA QUAL DIREÇÃO O VENTO SOPRA?

Portanto, queridos irmãos, continuem fortes e firmes. Continuem ocupados no trabalho do Senhor, pois vocês sabem que todo o seu esforço nesse trabalho sempre traz proveito.
I CORÍNTIOS 15:58

O vento pode ser misterioso, até mesmo preocupante! Você não consegue vê-lo, mas sabe que ele está lá quando ele roça seu rosto ou faz as folhas balançarem.

E você pode ouvi-lo chegando enquanto ele uiva através das árvores. Mas o que é o vento? E o que o faz soprar? O vento é simplesmente ar em movimento. Esse movimento é causado por diferenças na pressão do ar — que são causadas por diferenças de temperatura. O ar quente tem uma pressão menor e quer subir. À medida que sobe, o ar mais frio (com sua pressão maior) se move e toma seu lugar. Esse movimento de ar mais quente e mais frio é o que cria o vento.

Ventos como os *ventos alísios* perto do equador e os *ventos polares* nos polos Norte e Sul quase sempre sopram da mesma maneira. Mas os ventos locais podem mudar de direção várias vezes ao dia, dependendo do que está acontecendo no clima ao redor deles.

SURPREENDENTE

Cape Blanco, no Oregon, é um dos lugares com mais ventos da Terra. Fortes tempestades de inverno geralmente criam ventos que rugem a mais de 160 km/h. Mas a honra de ser o lugar com mais ventania do mundo pertence a Port Martin, uma base de pesquisa abandonada na Antártida. Os ventos lá sopram a uma média de 64 km/h durante o ano todo!

As pessoas podem ser como o vento às vezes. Elas mudam de direção — o que dizem e como agem — dependendo do que está acontecendo ao redor delas ou de quem está por perto. Você faz isso? Você diz o que as outras pessoas querem ouvir? Ou muda a maneira como você age — mesmo fazendo algo que sabe que é errado — só para se encaixar? Não faça isso! Deus não quer que você mude de direção como o vento. Em vez disso, "fique firme" pelo que você acredita, defenda o que é certo e defenda Deus. As pessoas podem rir, tirar sarro ou fazer até pior. Mas lembre-se de que, quando Deus está do seu lado, ninguém pode se opor a você (Romanos 8:31).

Senhor, quando todo mundo ao meu redor parece mudar como o vento, me ajude a permanecer firme e a me posicionar ao seu lado. Eu louvo ao Senhor, que nunca muda!

O QUE OS CIENTISTAS NÃO SABEM

"Assim como o céu está muito acima da terra, assim os meus pensamentos e as minhas ações estão muito acima dos seus."
ISAÍAS 55:9

Os cientistas descobriram muitas coisas incríveis, como a velocidade com que a Terra gira e a distância entre a Terra e o Sol. Os cientistas sabem como construir foguetes que voam para o espaço, bem como submarinos que viajam pelos mares.

Mas há inúmeras coisas que os cientistas *não* sabem. Coisas como quantas estrelas existem na Via Láctea ou quantas galáxias existem no universo. Eles não sabem o que há dentro de um buraco negro ou o que vive no fundo do oceano mais profundo. Os cientistas não sabem exatamente como um bebê se forma no útero da mãe. Isso significa que eles não têm certeza de como eu e você nos tornamos... eu e você.

Por que há tantas coisas que os cientistas ainda não sabem? Porque Deus criou este universo — e tudo nele. E Ele é mais criativo do que qualquer um poderia sonhar ser. O que é realmente incrível é que Deus nos deu a capacidade de aprender e explorar a magnífica criação dele. O que os cientistas sabem, assim como as coisas que eles ainda não sabem, nos dá ainda mais motivos para nos maravilharmos com a criatividade e o poder *indescritíveis* de Deus. Mas, mesmo que Deus seja indescritível, há inúmeras coisas que podemos saber sobre Ele.

Por exemplo, você pode saber que Ele o ama e o amor dele nunca mudará (Jeremias 31:3). Você pode saber que Ele o salvará dos seus pecados se você crer em Jesus e segui--lo (João 3:16). Você pode saber que Ele tem um plano perfeito e maravilhoso para sua vida, mesmo que você nem sempre o entenda (Jeremias 29:11).

SURPREENDENTE

Na Bíblia, um homem chamado Jó perdeu tudo e perguntou a Deus: "Por quê?". Deus respondeu a ele com uma lista inteira de coisas que homens e mulheres nunca entenderão — coisas como onde o mar começa (Jó 38:16) e onde a luz e a escuridão vivem (Jó 38:19). Leia Jó 38. Quantas outras coisas sobre a criação de Deus são maravilhosas demais para sabermos?

Querido Deus, há tantas, tantas coisas sobre este mundo que eu nunca entenderei! Mas entendo que me ama e só quer o melhor para mim. Sempre confiarei em você. E sou tão grato que sempre vou querer saber mais sobre o Senhor.

A Via Láctea

O SALVADOR SUPREMO

"Não fiquem com medo, pois estou com vocês; não se apavorem, pois eu sou o seu Deus. Eu lhes dou forças e os ajudo; eu os protejo com a minha forte mão."
ISAÍAS 41:10

O tardígrado, ou urso-d'água, não é um urso. Na verdade, é um pequeno invertebrado que vive em musgo, plantas, areia, água doce e mar. Os tardígrados estão entre os poucos animais que podem ser encontrados tanto nas montanhas mais altas quanto nos mares mais profundos. Essas criaturas têm apenas cerca de 1,5 milímetro de comprimento (pouco mais do que a espessura de uma moeda de

cinco centavos), mas são ferozes. A boca deles é cheia de dentes semelhantes a adagas, que eles usam para rasgar algas e animais minúsculos.

Essas pequenas criaturas resistentes podem viver em água fervente e nas trincheiras mais profundas dos oceanos. Eles podem sobreviver por mais de 10 anos sem uma gota de água. Cientistas no Japão até congelaram alguns tardígrados por 30 anos — e, quando descongelados, eles ainda estavam vivos! Deus deu a essa pequena criatura — da qual você provavelmente nunca ouviu falar — tudo de que ela precisa para sobreviver.

E o que mais Deus fará por você, a criação mais estimada dele? Neste mundo, você enfrentará problemas, tentações e medos tão ferozes, que talvez pense que não pode sobreviver. Mas você pode, porque Deus está do seu lado. Não há problema com o qual Ele não possa lidar (Mateus 19:26). Não há tentação que Ele não possa ajudá-lo a derrotar (1Coríntios 10:13). E não há necessidade de se preocupar ou temer (Mateus 6:25–34), porque Ele lhe dará tudo de que você precisa não apenas para sobreviver, mas para prosperar, como seu filho precioso. Deus criou você para ser um sobrevivente extremo, e Ele está com você, não importa quais sejam as condições!

SURPREENDENTE

Para testar o quão resistente o tardígrado é, os cientistas lançaram alguns deles ao espaço em 2007. Como nenhum traje espacial era pequeno o suficiente para os tardígrados, eles foram expostos às condições do espaço aberto por 10 dias. Apesar dos raios cósmicos e da falta de ar no vácuo do espaço, a maioria dos tardígrados sobreviveu!

Querido Deus, há tantas coisas difíceis que tenho que enfrentar neste mundo! Obrigado por me dar tudo o que preciso para superá--las. O Senhor é mais forte do que qualquer obstáculo que eu possa encontrar!

SOLUÇÃO PARA A POLUIÇÃO

Façam tudo sem queixas nem discussões.
FILIPENSES 2:14

A poluição acontece quando algo que não pertence ao meio ambiente é despejado nele. Existem diferentes tipos de poluição no mundo, mas os três principais são *poluição do ar, da água e da terra*.

A poluição do ar pode ser um grande problema, porque todos os seres vivos precisam de ar. Esse tipo de poluição acontece quando combustíveis fósseis — como carvão, petróleo e gás — são queimados. A fumaça dos carros e a fumaça das fábricas são exemplos de poluição do ar. A água fica poluída quando produtos químicos, detergentes, lixo ou até mesmo esgoto são despejados em córregos, rios

ou oceanos. A terra é poluída principalmente por lixo — desde lixo na beira da estrada até enormes lixões e aterros sanitários.

Toda essa poluição é ruim para o meio ambiente e ruim para você. Mas existem maneiras de ajudar: faça caminhadas ou ande de bicicleta em vez de andar de carro. Recolha o lixo e coloque-o na lixeira. Recicle o máximo que puder. Desligue as luzes e os eletrônicos quando não os estiver usando. Esses hábitos podem não parecer grande coisa, mas mesmo pequenas ações podem somar muito!

Outro tipo de poluição que você pode ajudar a eliminar é a *poluição de atitude*. Isso acontece quando você despeja palavras queixosas ou raivosas no ambiente. Como toda poluição, isso fere o ambiente ao seu redor e, portanto, também fere você. Haverá momentos em que você ficará bravo ou chateado porque precisa fazer algo que não quer. Mas ter um ataque ou resmungar não mudará nada. Em vez disso, respire fundo e sorria. Então enfrente essa tarefa como se a estivesse fazendo para Deus (Colossenses 3:23) — porque tudo o que faz pelos outros você também faz para Deus. Um espírito alegre torna o ambiente melhor para todos!

SURPREENDENTE

Uma das histórias mais estranhas de poluição aconteceu quando um navio de alguma forma derramou sua carga no meio do Oceano Pacífico. Qual era a carga? Eram 28 mil patinhos de borracha — junto com algumas tartarugas de borracha, castores e sapos. Alguns desses patinhos flutuaram por milhares de quilômetros até o Alasca!

Deus, tem coisas que eu simplesmente não gosto de fazer — como arrumar meu quarto e tirar o lixo. Mas me ajude a lembrar que, quando eu sirvo aos outros, eu também sirvo ao Senhor. Me ajude a tornar o ambiente ao meu redor melhor e mais alegre, com um espírito cheio de alegria!

ÁGUA, ÁGUA EM TODOS OS LUGARES

"[...] o seu Pai sabe do que vocês precisam, antes mesmo de lhe pedirem."
MATEUS 6:8

Água... Nós a usamos todos os dias. Nós a bebemos, cozinhamos com ela e nos lavamos com ela (todos os dias, né?). Ela ajuda nossa comida e nossas flores a crescerem. Nós a usamos para combater incêndios e produzir eletricidade. Nós até praticamos esportes como natação, patinação no gelo e esqui na neve. A água cobre mais de 70% da Terra e compõe cerca de 60% dos nossos corpos.

A água em si é composta de dois elementos diferentes: hidrogênio e oxigênio. Dois átomos de hidrogênio se juntam a um único átomo de oxigênio para formar H_2O — ou, como gostamos de chamar, a água. A palavra *água* é geralmente usada para descrever a forma líquida dessa combinação, enquanto gelo é a forma sólida e *vapor* é a forma gasosa.

A água é essencial para a vida. Você pode sobreviver cerca de 3 semanas sem comida, mas só pode ficar cerca de 3 dias sem água. A água compõe sua saliva para que você possa engolir. Ela elimina os resíduos e venenos do seu corpo. Ela amortece seu cérebro, umedece seus olhos, lubrifica suas articulações, mantém sua temperatura corporal equilibrada e ajuda a levar oxigênio para todo o seu corpo. Não só você precisa dela, mas também cada planta e animal na Terra. A água é algo muito importante.

> ## SURPREENDENTE
> A água (ou H_2O) pode ser sólida, líquida ou gasosa — dependendo da temperatura. Ela congela a 0 grau Celsius, tornando-se um sólido, e ferve a 100 graus Celsius, tornando-se um gás. Mas, sob a quantidade certa de pressão e na temperatura certa, a água pode estar em todos os três estados! Isso é chamado de *ponto triplo*.

Talvez seja por isso que Deus a fez no segundo dia da criação (Gênesis 1:6-8), antes de criar quaisquer plantas, animais ou pessoas. Deus sabia que tudo precisaria de água, então Ele forneceu água *antes* mesmo que ela fosse necessária. É exatamente isso que Deus faz. Ele sabe tudo de que você precisa — antes de você pedir ou mesmo saber que precisa. E Ele já tem um plano para conseguir o que você precisa.

Deus, obrigado pelo presente da água e por tudo o que ela faz por mim. Acima de tudo, obrigado por cuidar de mim e garantir que eu tenha tudo o que realmente preciso.

CHEIO DE FRUTOS

Entretanto, o fruto do Espírito é amor, alegria, paz, paciência, amabilidade, bondade, fidelidade, mansidão e domínio próprio.
GÁLATAS 5:22–23 (NVI)

No mundo existem dois tipos de seres vivos: produtores e consumidores. *Produtores* são elementos como plantas e árvores. Elas usam um processo chamado *fotossíntese* para transformar luz solar, água e dióxido de carbono em um tipo de açúcar, que é então usado para abastecer as plantas conforme elas crescem. As plantas basicamente *produzem* seu próprio alimento, e esse combustível lhes dá energia para crescerem como frutas, vegetais, folhas, caules e flores.

Os animais, por sua vez, são *consumidores*. Eles não conseguem fazer seu próprio alimento. Em vez disso, *consomem* alimentos, que seus corpos usam como combustível para conseguir energia. Existem três tipos diferentes de consumidores no mundo. Os primeiros são os *herbívoros,* e eles comem apenas plantas. Os segundos são os *carnívoros*, e eles comem apenas carne. E os terceiros são os *onívoros*, porque eles comem animais e plantas. Se você come hambúrguer e batatas fritas, *você* é um onívoro!

Como você come para sobreviver, você é um consumidor. Mas Deus também quer que você seja um produtor — de frutos espirituais. Não, Ele não quer dizer maçãs e laranjas. Deus quer que você produza o fruto do Espírito, que inclui amor, alegria, paz, paciência, gentileza, bondade, fidelidade e autocontrole. Você não pode produzir esse fruto sozinho, mas tudo bem — Deus lhe deu o Espírito dele para ajudá-lo. Assim como as plantas não podem produzir frutos sem luz solar, água e ar, você não pode produzir o fruto do Espírito sem a exposição à palavra de Deus, à voz dele em oração e à luz de seu amor. Quando você decide seguir a Deus, Ele envia o Espírito dele para viver dentro de você. O Espírito o ajudará a falar com Deus, entender a palavra dele e produzir frutos.

Querido Deus, por favor me encha com a luz da sua palavra e com o seu Espírito. Me nutra para que eu possa produzir o tipo de fruto que vem do Senhor!

SURPREENDENTE

As pessoas costumam dizer que você deve comer muitas frutas e vegetais, mas descobrir qual é qual pode ser mais difícil do que você pensa. Ameixas, pêssegos e peras são, na verdade, parte da família das rosas. E abóboras, abobrinhas e ervilhas não são legumes... são frutas!

AQUI ESTÁ A SUA MUDANÇA

Assim, todos nós, que com a face descoberta contemplamos a glória do Senhor, estamos sendo transformados segundo a sua imagem com glória cada vez maior, a qual vem do Senhor, que é o Espírito.
2 CORÍNTIOS 3:18 (NVI)

Metamorfose... É o que acontece quando um animal muda seu corpo de uma forma para outra. Borboletas e sapos são provavelmente os exemplos mais conhecidos de animais que passam por metamorfose. A borboleta começa a vida como um ovo que eclode em uma lagarta. Depois de crescer e trocar de pele várias vezes, a lagarta se transforma em uma crisálida, e a camada externa da crisálida endurece para se tornar uma casca protetora. Dentro da crisálida, a lagarta se transforma completamente em uma linda borboleta.

O sapo também começa a vida como um ovo. O ovo cresce e se torna um girino que vive na água. Nas semanas seguintes, a boca do girino fica mais larga, seus olhos se projetam para fora e sua cauda encolhe e encolhe, até desaparecer completamente. Apenas mais algumas mudanças e ele se transforma em um sapo — pronto para pular para sua primeira competição de salto!

Se você olhasse as fotos de antes e depois de borboletas e lagartas (ou girinos e sapos),

A Bullfrog Tadpole

pensaria que são criaturas totalmente diferentes. Mas é isso que é metamorfose — uma mudança completa.

Se *você* pudesse passar por uma metamorfose, o que mudaria? Você gostaria de asas para voar ou pernas para pular muito alto? Bem, as pessoas não passam por metamorfose, pelo menos não por fora. Mas e por dentro? Essa é uma história diferente. Quando você decide seguir Jesus, o Espírito Santo vem viver dentro de você — e Ele começa a trabalhar imediatamente, mudando a maneira como você pensa, como sente e como age. Ele muda você um pouco a cada dia para ser mais e mais como Jesus. Essa mudança levará tempo — sua vida inteira, na verdade —, mas o resultado será indescritivelmente incrível!

Senhor, obrigado por me amar tanto. Por favor, transforme meu coração, meus pensamentos e minhas ações para serem mais e mais como o Senhor. Obrigado por enviar o Espírito Santo para viver dentro de mim.

SURPREENDENTE

A borboleta-rainha-alexandra é a maior borboleta do mundo, com uma envergadura de até 30 centímetros! Essa espécie tem uma maneira interessante de se defender. A borboleta adulta põe seus ovos na planta venenosa *Aristolochia macrophylla*. As lagartas que eclodem comem a planta e se tornam venenosas — isso faz com que qualquer predador pense duas vezes antes de comê-las!

Copyright © 2017 por Louie Giglio. Todos os direitos reservados.
Copyright da tradução © 2025 por Vida Melhor Editora LTDA. Todos os direitos reservados.

Título original: *Indescribable: 100 Devotions for Kids About God and Science*

Todos os direitos desta publicação são reservados à Vida Melhor Editora Ltda. Nenhuma parte desta obra pode ser apropriada e estocada em sistema de banco de dados ou processo similar, em qualquer forma ou meio, seja eletrônico, de fotocópia, gravação etc., sem a permissão dos detentores do copyright.

As citações bíblicas são da Nova Tradução na Linguagem de Hoje (NTLH), da Bíblica Inc., salvo indicação contrária.

Tradução Elis Regina Emerencio
Copidesque Maurício Katayama
Revisão Eliana Moura
Diagramação Alfredo Loureiro
Adaptação de capa Maria Cecília

Todas as imagens © iStockphoto, exceto nas págs. 18, 63, 105 157 © Shutterstock e págs. 167 e 175 © Getty Images. Imagem da estrela morrendo (p. 69) é da ESA/Hubble e NASA, com agradecimento a Matej Novak. Imagem da Caverna dos Cristais (p. 71) é de Alexander Van Driessche. Imagem de meteorito Hoba (p. 145) é de Sergio Conti.

Catalogação na publicação (CIP)
(BENITEZ Catalogação Ass. Editorial, MS, Brasil)

G459i
1. ed.
    Giglio, Louie
    Indescritível: 100 devocionais sobre Deus e ciência / Louie Giglio; tradução Elis Regina Emerencio; ilustração Nicola Anderson. – 1. ed. – Rio de Janeiro: Thomas Nelson Brasil, 2025.
    208 p.; il.; 14,8 x 21 cm.
    Título original: *Indescribable: 100 Devotions for Kids About God and Science*
    ISBN 978-65-5217-234-1 (capa dura)

    1. Ciência e religião. 2. Devoção a Deus. 3. Devoções diárias. 4. Fé e razão. 5. Literatura devocional. 6. Palavra de Deus. I. Título.

04-2025/148   CDD-242

Índice para catálogo sistemático: 1. Literatura devocional : Cristianismo 242
Bibliotecária responsável: Aline Graziele Benitez – CRB-1/3129

À medida que novas pesquisas científicas são verificadas, alguns dados neste livro podem não refletir as últimas atualizações. Quando adequado, faremos atualizações editoriais conforme tomarmos consciência disso.

Os pontos de vista desta obra são de responsabilidade de seus autores e colaboradores diretos, não refletindo necessariamente a posição da Thomas Nelson Brasil, da HarperCollins Christian Publishing ou de suas equipes editoriais.

Thomas Nelson Brasil é uma marca licenciada à Vida Melhor Editora LTDA. Todos os direitos reservados à Vida Melhor Editora LTDA.
Rua da Quitanda, 86, sala 601A – Centro, Rio de Janeiro/RJ – CEP 20091-005
Tel.: (21) 3175-1030
www.thomasnelson.com.br